社会秩序史与未来

把脉历史脉搏窥见未来社会秩序

刘义军　著

九州出版社
JIUZHOUPRESS

图书在版编目（CIP）数据

社会秩序史与未来：把脉历史脉搏窥见未来社会秩
序／刘义军著．－－北京：九州出版社，2023.1
ISBN 978-7-5225-1634-9

Ⅰ.①社… Ⅱ.①刘… Ⅲ.①社会秩序—研究 Ⅳ.
①D035.34

中国国家版本馆 CIP 数据核字（2023）第 032045 号

社会秩序史与未来：把脉历史脉搏窥见未来社会秩序

作　　者	刘义军　著
责任编辑	沧　桑
出版发行	九州出版社
地　　址	北京市西城区阜外大街甲 35 号（100037）
发行电话	（010）68992190/3/5/6
网　　址	www.jiuzhoupress.com
印　　刷	唐山才智印刷有限公司
开　　本	710 毫米×1000 毫米　16 开
印　　张	14.5
字　　数	180 千字
版　　次	2023 年 1 月第 1 版
印　　次	2023 年 1 月第 1 次印刷
书　　号	ISBN 978-7-5225-1634-9
定　　价	68.00 元

序　言

　　无规矩不成方圆，无秩序不成社会。回顾历史的发展，更体现出中国传统哲学"道法自然"的顺演。而因人的思想无时无刻不在学习、升华、应用的循环中完成知行合一，践行各自的使命；社会的发展与进步，也由此拉开了大幕。社会秩序始于何年，又向哪个方向发展，成为最为关注的焦点。

　　你从哪里来？要到哪里去？这曾是一个命题。对于社会秩序而言，也同样如此。追根溯源，这需要从原始社会说起。原始社会也就是以一个部落十几个人、几十个人的族群为特征，这里的秩序是家庭秩序。这样的秩序在大自然界中也同样存在，并没有很优秀的地方值得称颂。这种家庭秩序、家族秩序是与在大自然中的求生技能、本能密不可分、密切相连的，这既是原始人类的本能，也是动物的本能之一。原始社会的秩序只能用或有或无来证明他的存在，这种动物本能秩序是基于其生存环境而长期积累形成的。而"秩序"的真正含义是有条理、有组织安排各构成部分以求达到正常的运转和良好的外观状态，这种规则或制度就是秩序。从以上观点来看，原始社会是少秩序、少规则的，仅是以生存为目的，而且是以家族群居方式来抵御面临的危险而已。

　　相比较原始社会的初懵，奴隶社会的专制秩序极大地提高了社会生产率，更是让国家制度形成，使人类发展走上快车道。奴隶社会时期，中国与西方国家的社会秩序有相当大的差异。中国奴隶社会时期是夏、商，虽然也有杀戮与暴政，但基本以德治为主。合久必分，分久必合，战国统一于秦，这也是封建专制秩序的开始。以欧洲国家为代表的西方资本主义国家，则因为工业革命的兴起及圈地运动，开始对美洲、亚洲、非洲地区的国家进行侵略和掠夺，并迅速完成了资本基础的积累。

　　一战、二战都始于工业革命形成的资源争夺，但也为形成二战战后的国际秩序奠定了基础。二战战后秩序的主导者则是以美国为首的资本主义国家。战后秩序在美苏两大阵营时期并没有暴露大的缺点，因为美苏两大阵营经济、政治各成体系。1991 年 12 月，苏联轰然倒塌，使得美国主导的战后秩序成为国际上唯一现存的国际社会秩序，并以此逐渐引领经济的全球化，成为唯一的国际秩序。

　　以美国为主导的国际秩序，在大量接纳苏联阵营国家后，美国对国际秩序新成员的双标日益明显。美国运用双重标准的国际秩序，注定了会是非横生，最终会成为国际秩序的掘墓人！从现有的状况来看，美国的科技国界与大棒随意挥舞与威胁他认为敌对的经济体，毫不手软。美国恰恰忘了，恶个体引发的经济危机，却绝大部分发生于美国，并蔓延到全球，使国际经济屡遭重创。美国的霸权还能持续多久？

　　重建秩序！战后秩序构建于 75 年前。在 75 年间通过工业革命的持续推进，世界经济发展更是一日千里，原有的战后秩序早已摇摇欲坠。从布雷顿森林货币体系的解体、美元与黄金脱钩事件来看，国际秩序重构、重建刻不容缓，新的国际秩序呼之欲出。

平权秩序的构建共分为以下四个方面：

1. 科技有国界。这主要体现在星际经济，也就是平权从科技开始。

2. 向平权经济迈进，洲际货币支付时代，这是经济平权秩序的开始。由此来看，人民币国际化需要加快步伐，而且任重道远。

3. 重建道德。信仰的本质是道德行为的规范，宗教在后工业时代完成纯粹化与宽泛低维度。

4. 构建平权秩序。法、科、德共生，美、中、欧并行，开启平权新时代。

平权秩序是一个去特权、释放新秩序红利的过程，也是美、中、欧并行，开创平权秩序的新时期。

首稿完成于 2020 年 7 月 1 日

刘义军 2021 年 2 月 1 日

目　录
CONTENTS

第一部分：农业社会的秩序变革

第一章　社会秩序的形成

无规矩不成方圆，无秩序不成社会。

回顾历史的发展，其实也是社会秩序的发展，也体现出中国传统的"道法自然"顺演。因为人的思想无时无刻不在学习、升华、提高、应用的循环中完成知行合一，践行各自的使命。社会的发展与进步，也由此拉开了大幕，更成为历史辉煌的篇章。社会秩序始于何年，又向哪个方向发展，成为最为关心的焦点。

你从哪里来？要到哪里去？这曾是一个命题。对于社会秩序而言，也同样如此，追根溯源，这要从原始社会说起。原始社会也就是十几个人、几十个人的族群为特征的，这里的秩序就是家庭的秩序。这样的秩序在大自然界中也同样存在，并没有很优秀的地方值得称颂。因为这种家庭秩序、家族秩序是与存在于大自然的求生技能、本能密切相连的，这既是原始人类的本能，也是动物的本能之一。原始社会的秩序只能用或有或无来证明它的存在，这种动物本能秩序是基于其生存环境长期积累而形成的。而"秩序"的真正含义是："有条理、有组织地安排各构成部分以求达到正常的运转和良好的外观状态。这种规则或制度，就是秩序。"从以上几点来看，原始人类的社会是无秩序的、无规则的，仅是以生存为目的，而且是以族群居方式来抵御面临的危险而已。

原始社会仅仅是为了生存的自然状态而已。考古学家发现，原始人在生活中制作工具，因此又分为"旧石器时代"与"新石器时代"。考古学家依据这两个时代的特征，来分辨原始人与动物，也来证明原始人通过制作劳动工具以提高劳动生产率。这是动物远不可比拟的，更是其他动物只有生存而没有进化的标志。"新石器时代"开始，原始人在获取食物上有较大的进步，族群居人口有所增加，人类体质上的原始性基本消失，被称为"新人"。此后逐步进入母系氏族社会。此时，母系氏族社会出现氏族是人们赖以生存的基础，血缘关系是维系氏族成员的纽带，相互保护并按性别和年龄进行分工。

在简单的分工中，女子从事的职责，相较于男子从事的狩猎而言，没有危险性，这方面具有重要的意义。她们是氏族组织中的重要成员，更是对维系氏族生存与繁衍起着决定性的作用。氏族设有议事会，决定一切重大事务，担任族长的一般是年长的妇女。族长制是与当时的社会现状密切相关的，也是与分工和寿命紧密相连的。母系氏族社会是人类历史上唯一的、由女性统管社会的时期，这也是母系氏族社会的标志之一。

母系氏族社会的形式，首先与当时人的寿命密切相关。根据考古发现，在所发现的北京人的 40 多个个体中，可以推知年龄的 22 个人中，年龄在 15 岁以下的有 15 个，占总数 68.2%；15 岁到 30 岁的有 3 人，占总数的 13.6%；40 岁到 50 岁的有 3 人，占总数的 13.6%；50 岁到 60 岁的 1 人，仅占总数的 4.6%。经统计，北京人的平均寿命仅为 15 岁！而欧洲同时期的尼安德特人的死亡年龄，根据推算死于 40 岁以上的只占 5%，死于 11 岁以下的占 40%。虽然这两组数据不一定准确，但反映出来的就是，在当时社会情况下，人的平均寿命不高。15 岁应该是一个人均寿命的中值，而这个中值则反映了社会中的分工与初步秩序形成的原因。

在母系氏族社会时期，男人的分工就是负责狩猎，获取食物，这是一项艰巨的任务。在当时自然环境下，对他们产生威胁的动物很多，而他们用作狩猎的工具却少之又少，特别是工具攻击性普遍不强。即使在发明弓箭后，狩猎的水平并没有质与量的大发展，毕竟那个时期的工具创新与实用效果还是有较大的差距。但狩猎中的危险，却是真正的威胁。为了一顿晚餐而丢掉性命，也是时常发生的事情。男子在狩猎过程中劳动强度大、精神压力大、死亡率高，这也是当时不利的一个方面。狩猎获取越来越少，而大型食肉动物则成为他们的天敌，也就导致了男子普遍寿命不高。寿命短的男子，也就决定了母系氏族社会中，女子的经历与经验更多。女子年龄越大，越有决定族系的决策权与分配权。

母系氏族社会的形成与女子早熟有较大的关系。男女有别，不仅仅是身体、寿命，男女发育的时间段也有差距。从现在的社会情况来看，女性普遍比男性早2—3年进入青春期。世界卫生组织规定女子青春期为13—19岁，女子的青春期开始年龄和结束年龄都比男子早2年左右，青春期的进入和结束年龄存在较大的个体差异，约可相差2—5岁。在母系氏族社会时期，估计男女的青春期都更早一些，这样才符合平均寿命短而保证生育率的规律。女子青春期进入得早，女子的心智成熟得就早，相比男子的心智成熟得早，同时女子负责的职责及有危险性小，这就让女子的平均寿命远大于同时期的男子。由此来看，在原始社会后期形成的母系氏族社会是人类进化史的必然趋势与史实。

在母系氏族社会后期，原始农业初成，人们已经对农业的种植有丰富的经验。刀耕火种就是在这段时期内形成的。可以说，刀耕火种的出现，是母系氏族社会时期最伟大的成就，是人类长时期积累的农业种植智慧的具体体现！原始农业主要体现在石制农具的广泛应用与种植技术的日趋成熟这也表明，在氏族社会时期的人们的观察力与经验总结能力越来越强，以至于激发人类对生产工具的不断发明与完善，种植技术的不断提高，同时推动了农业与文明的平行发展。原始农业的大发展促进了人类的大规模群居，逐步形成了村落与部落，促进人类定居形成了常态化，并促进了母系氏族社会向早期的奴隶制社会过渡。农业的发展为人类原始文明奠定了基础，更为向奴隶制社会的发展做出了卓越的贡献。

在母系氏族社会后期，人类的寿命相对延长，这是食物获取来源由狩猎向农业转变带来的变化。农业的发展使人类有了固定的食物来源，使生活相对稳定。生活的稳定，又为文字的形成、男女主导部落的关系发生了根本性的影响。特别是在男女主导关系上，由母系氏族社会逐步向以男子为主导权的社会转变。而这个转变，则是母系氏族社会瓦解的开始，也是人类从单一群体向其他群体之间的资源争夺的开始。不可否认，男性掌权后的功利性与掠夺性远在女性之上，在弱肉强食的丛林法则中，这才是主要的。男性寿命的延长，使得文明与部落相应地发展与壮大，群居的优势也得以体现在具体分工与生活中，社会初步形成，社会秩序也初步建立。社会秩序的建立与发展，直接宣告了母系氏族社会的结束，进而进入了奴隶社会之前的过渡阶段。而这个阶段则是通过暴力的征服开始的，这是人类之间的第一次大规模的杀戮与征战，也是文明诞生前的黑暗阶段。

文明是从浴火重生中诞生的，社会秩序也概莫能外！人类在母系氏族社会向奴隶制社会的发展中，在相互之间的征服与反征服的战争中，孕育了人类的新文明与新的社会秩序。这个社会的转变是从原始社会向奴隶制社会的转变，看似一个自然的过渡，却又蕴含了更多的规律。原始社会，顾名思义，就是一个自然状态，与其他动物的区别不大的生存、生活而已。而即将进入的奴隶制社会，却是母系氏族社会可望而不可即的秩序社会。从原始社会的无秩序到母系氏族的初步有秩序，再进化到男权社会时期的奴隶制社会的秩序社会，这是一次社会秩序大发展、大进步的时期。同时，这预示着，母系氏族社会从此退出了历史的舞台，从而开启了男权社会浩荡发展的历史时期。

奴隶社会秩序初成！

道法自然，自然的进化与发展之道，这也是达尔文《进化论》的主题。万物皆有进化，在时间、环境的影响下，各个物种都在不断地适应环境而提高自己。那么，作为万物之首的人类，更是顺应这个变化，不断地在与自然、与物种、与人类自己的交流与斗争中强大自己、升华自己，更是在思想上创造文字，发展文明。人类不断在发明创造中提高自己的生存水平与生活水平，更是用发明创新，用新的分工制度化、层级化，来形成新的社会秩序，形成了与原始社会截然相反的对照，从此让人类与动物相比，秩序就是高出一截的本质。人类从此告别了个体、群体，开始了集体的社会体制状态。

奴隶制社会的特征：

约公元前 2070 年—公元前 1600 年的夏朝，是中国奴隶制社会的建立时期。奴隶制的建立主要体现在政治上，以王位世袭制取代禅让制和一系列奴隶制国家机器的出现（如军队、刑法、监狱等）为标志。在经济上，夏朝属于金石并用的时代，其经济的初步发展为后代经济的繁荣奠定了基础。在文化上，夏朝的一些突出的文化成就（如夏历）对后代影响深远。

公元前 1600 年到公元前 11 世纪中期的商朝，是中国奴隶制社会的发展时期。社会特征主要体现在政治上，奴隶制国家机器进一步完善，商朝奴隶主用残酷的刑法镇压人民。"人殉"和"殉葬"也是商朝奴隶制发展的表现。在经济上，商朝属于青铜时代，其农业产品种类增加，畜牧业饲养的牲畜种类和数量很多。其青铜文明更是举世闻名。在文化上，商朝成就更是领先于世界，以文字、天文学成就最为突出。

公元前 11 世纪到公元前 771 年的西周时期，我国的疆域空前扩大，农业和手工业获得极大的发展。农业种植品种包括了后代大部分作物，是我国农业原生作物系统的形成时期。在政治上，奴隶制社会的各种制度也日益完善。因此，西周被称为我国奴隶制社会的繁荣时期。制度的完善是西周社会秩序最显著的特征。中国奴隶制社会秩序的两种最典型、标准的制度——井田制和分封制都在西周时期完成并达到高峰。

分封制是西周的政治制度。在西周初期，西周的统治者为了巩固奴隶主国家政权，先后把王族、功臣和先代的贵族分封到各地做诸侯。诸侯要服从周王的命令，并要向周王贡献财物，要派兵随从周王作战。西周先后分封的重要诸侯国有鲁、齐、燕、宋、晋等。通过分封，西周巩固了统治，发展了疆域，也可以看作奴隶制社会典型的分封关系。周朝一切土地均为周王所有，周王把土地分赐给诸侯、臣工，但诸侯、臣工只有世代的使用权，不得转让和买卖，还需要缴纳一定的贡赋。奴隶主强迫奴隶集体耕种，剥削奴隶的劳动成果，这种分封制是建立在井田制的基础上，并和井田制相适应。联系这两种制度的纽带是土地和义务。

公元前 770 年到公元前 476 年的春秋时期，是中国奴隶制社会的瓦解阶段。其主要体现在奴隶制社会的两种典型——分封制和井田制的解体，奴隶制社会从发展到全盛到瓦解，前后历时 1700 余年。奴隶制社会的秩序从初建的优越性，到社会思想大发展后的逐步落后，直至瓦解，也为人类的发展尽了历史的使命。同时预示着，一个社会秩序的形成到全盛，是秩序的不断完善。而社会的大发展，则使秩序的发展空间越来越小。当秩序不能与社会相适应时，只有彻底地颠覆原有的秩序，建立新的秩序，以服务社会的发展，共同取得新的辉煌。

第二章　春秋时期是秩序与德治在社会发展中衰落的开始

　　春秋时期，通常是指东周前半时期的历史时期，时间为公元前770年至公元前476年的这段历史时期，史称"春秋时期"。春秋时期起于周平王元年，代指周平王东迁洛邑后的第一年，止于周敬王四十四年，共计294年。

　　西周末期，周宣王死后，其子宫涅继位，史称周幽王。周幽王继位后，时逢周朝王畿一带发生大地震，加上连年灾害，使民众饥寒交迫，四处流亡，让社会动荡不安。而周幽王不思挽救，反而重用佞臣虢石父，盘剥百姓，激化了阶级矛盾。对外攻打西戎失败，导致周朝国力日渐衰竭。当时大臣褒珦，劝谏周幽王。周幽王不但不听，更是把褒珦关押在监狱里。褒珦的族人千方百计要把褒珦救出来。褒珦的族人知晓周幽王好色，下令广招天下美女入宫。褒珦族人在褒城找到一位姒姓女子，教其唱歌跳舞，然后献给周幽王，替褒珦赎罪。

　　周幽王见到褒姒，惊为天人，非常喜欢，并立褒姒为妃，同时把褒珦放了。周幽王自有褒姒陪伴以后，十分宠幸褒姒。而褒姒虽然天生丽质，却面如银霜，进宫后从来没有笑过一次。周幽王为了让褒姒笑一次，想尽了众多的办法，依然不能让褒姒笑一次。为此，周幽王竟然悬赏，谁能让褒姒笑一次，赏金千两。

烽火本是周朝在敌寇侵犯时的紧急军事报警信号，由国都到边塞，沿途都设有烽火台，烽火台每隔几里地就设有一座，在镐京附近的骊山一带修筑了20多座烽火台。一旦犬戎偷袭，首先发现的将士立刻在烽火台上点燃狼粪。烽火台狼烟四起，邻近的烽火台看到后相继点火，向附近的诸侯报警。诸侯看到狼烟，知道镐京告急，天子有难，纷纷前来救驾。

周幽王采纳了虢石父的建议，带着褒姒，在虢石父的陪同下登上骊山烽火台，命令守卫点燃烽火台的狼粪，顿时狼烟四起。各地诸侯看到狼烟，以为犬戎打过来了，纷纷带领兵将前来救驾。等赶到骊山，连一个犬戎的兵都没看到，只听到骊山上的奏乐与歌声。这时，周幽王却派人下山告诉诸侯说，辛苦大家了，这里没有什么事，是大王与王妃放狼烟取乐而已。诸侯们感觉军国大事被如此戏弄，纷纷怀怨恨而去。而褒姒看见千军万马招之即来，挥之即去，如同儿戏一般，觉得十分可笑，禁不住笑了一下。周幽王大喜，立刻赏虢石父千金。而周幽王拿军国大事如此儿戏，却在诸侯心中渐渐没有了威信。

周幽王为了进一步讨褒姒的欢心，罔顾流传的规矩，废除王后申氏和太子宜臼，册封褒姒为后，将褒姒的儿子伯服立为太子。在废除王后的同时，并且废除王后的父亲申侯的爵位，准备派兵攻打申侯。申侯得到这个消息，先发制人，联合曾侯、犬戎于公元前771年进军镐京。周幽王听到大战的消息，惊慌失措，命令烽火台点燃狼烟。诸侯们因为上次的戏弄，都没有理会这次的军情报警。

纵使烽火台狼烟四起，却没有一个诸侯前来救驾，使得周幽王叫苦不迭。镐京的将士不满周幽王的昏庸，便不想替周幽王卖命。申侯的联军一到，没打多久，守军将士就一哄而散，申侯联军蜂拥入城。周幽王带着褒姒、伯服匆忙出逃，奔向骊山。到骊山后，周幽王命令守卫再次点燃狼烟，依然没有等到诸侯前来救驾。

狼烟四起，却把联军引了过来，而这时周幽王的臣下仅剩一百多人。周幽王采纳了臣下的意见，命令放火焚烧行宫前门，以迷惑联军，自己则从后门逃走。逃不远，联军又追杀上来。不多时，仅剩周幽王、褒姒、伯服三人，其他臣从非死即散。联军看到周幽王穿戴天子服饰，知道是周幽王，他们把周幽王三人杀死。从此，西周宣告灭亡。

君无道，则逼反诸臣。周幽王的烽火戏诸侯，结果就是戏弄了自己。自夏、商、周以来，凡是荒淫无道的帝王，首先就是自己败坏了朝纲，自己乱了秩序。凡是秩序一乱，国家也就乱了。《增广贤文》中说："万恶淫为首，百行孝当先。"万恶淫为首，是指明了纵欲者，精气神散。气不聚，则神不定；神不定，则智不发。智不发，则将活在浑浑噩噩的暗无天日之日，无法自拔！商纣的妲己、周幽王的褒姒，虽然说是红颜祸水，但根本在于商纣王、周幽王。君不明，乱秩序为荣，家国天下也就抛之一空。商纣王因妲己亡国，周幽王因褒姒亡西周，皆因君乱了本心，因淫欲迷了心智。失去了诸侯的信任，丧失了自己的威信，丢了的却是自己的江山。

当诸侯得知镐京真的失守，诸侯联合起来，前来镐京救驾。申侯联军看到诸侯的大军到了，就把镐京的财物抢掠一空，纵火后退回本地去了。诸侯立原来的宜臼为天子，于公元前 770 年继位，史称周平王。因镐京遭受破坏，特别是镐京西部地区多为犬戎所占据，周平王担心镐京再受战争侵扰，于公元前 770 年在秦国的护送下，迁都洛邑。因为洛邑在镐京之东，史称东周。

或许，周幽王给周朝开了一个恶例，让周朝日益衰败。但东周又有重蹈覆辙的迹象，而这次是周平王。在西周时期，周厉王的小儿子被周宣王封为诸侯，为桓公，就是郑桓公，封国为郑国。进入东周时期后，郑国护卫着周天子的东面，而虞和虢是周天子西面的屏障，南方则是申和吕，晋在周天子的北方护卫。当北方的晋国在分裂之时，楚国又在南方兴起，南方朝不保夕。周天子的护卫，只有郑国和虢国了。

东周初年，虢公为公爵，郑庄公则是伯爵，但郑国的实力远超过虢国。郑庄公发现周平王对自己并不信任，预测周平王可能把权力分给虢公，这更使郑庄公不满，但周平王信誓旦旦说绝无此事。为此，周平王与郑庄公交换了质子，周王子孤被送到郑国，郑公子突则到了周朝。这就是周平王的昏庸，因为质子都发生在诸侯之间，做承诺的一个应约。但周王与郑庄公这样交换质子，周平王是自降身份、地位，使得周朝有名无实，成为诸侯了。也就是说，周平王自己又在乱社会秩序、纲常伦理了。

公元前 720 年，周平王驾崩，继位的是周平王的孙子，史称周恒王。周恒王真把一半的权力分给了虢公！郑庄公哪里咽得下这口气？同年四月，郑庄公派郑国大夫祭仲带兵割取了周王地里的麦子，秋天又割走了周王的谷子。这两次侵扰，都是在周恒王眼皮子底下干的，于是周恒王与郑庄公结怨。经过几次较量，郑庄公毫不客气，拒绝再见周王。

周恒王也不示弱，决定率诸侯联军攻打郑国。公元前 707 年秋天，周恒王亲任中军统帅，这是春秋时期天子御驾亲征的唯一一例。右军统帅是虢公林父，后面是蔡国和卫国的军队。左军统帅是周公黑肩，后面跟着陈国的军队。面对周恒王的联军，郑公子突建议：陈国国内动荡不安，他们的军队也没有斗志，如果先进攻陈国军队，对方将乱作一团。郑庄公采纳了公子突的建议。郑庄公统帅中军稳定不发，令左军统帅祭仲向虢公率领的周恒王的右军——蔡国和卫国的军队进攻，令右军统帅曼伯向周恒王的左军——周公黑肩率领的陈国军队进攻。郑庄公的中军稳而不发，以避免同时与周天子精锐的中军对攻。郑庄公击鼓进军，周恒王的左右两军被一击而溃。

郑庄公在左右两军击溃周恒王的左右两军之后，立即向周恒王的中军进攻，导致周恒王的中军大乱。郑庄公抓住时机，命令郑国中军迅速出击，周恒王的联军大败。周恒王在战乱之中，肩部中箭，被生擒活捉也只是分分钟的事。郑庄公此时却大度非凡，令军队停止追击，任周恒王逃之夭夭。郑庄公派祭仲去周恒王处劳军，嘘寒问暖，关怀备至。郑庄公说，君子不为己甚，何况欺凌天子？能保住郑国，就可以了。郑庄公在这里很理智，也懂得适可而止，而周王室却威信落地，脸面无存。

周朝自周幽王至周恒王，从贪恋美色到意气用事的草率之举，让周朝王室这个天下的天子，连续两次都败给自己的封属国、诸侯国、臣下。一个败军、败国之王，还有什么资格号令诸侯？郑庄公与周恒王的一战，是周恒王挑起却又战败的，而周恒王这一败，则彻底把周王朝的天下共主、天子的权威败坏殆尽，而只是成为一个城郭的实力，天下天子的盛名却再无天下天子之实，日渐式微。在诸侯相继并起的争斗中，周恒王成为一名靠救济而言好话的历史看客。

天子失德则破坏秩序，有亡国之忧，这是自古以来的验证。而作为臣子的杀君，却是从公元前719年发生的州吁杀死同父异母的兄长，自己自立国君开始的。

卫国是周朝最早的封国之一，始封之君是卫康叔。到第十二任国君时，也称卫庄公。卫庄公的正妻是齐国的公主，姓姜。因为卫庄公的原因，正妻亦叫庄姜。庄姜是一位美女，但是庄姜没有生育能力。庄姜便领养了庄公侧妃的儿子，视如己出。这个孩子叫完，就是后来的卫桓公。

　　卫庄公另一个侧妃的儿子叫州吁，年龄比桓公小。州吁自幼胡作非为，但喜欢舞刀弄剑，研习兵法。尽管州吁令庄姜讨厌，大臣也向卫庄公劝谏，但卫庄公都是听之任之，对州吁没有进行管教。卫庄公去世后，完继位，史称卫桓公。州吁更加骄横跋扈，不把卫桓公放在眼里。桓公也很无奈，便罢了州吁的官职。州吁逃出国都，并拉帮结派。经过十四年的准备，州吁率领自己的武装回到卫国，杀掉自己的哥哥卫桓公，自立为卫国的国君。

　　州吁成为卫国的国君之后，卫国人心惶惶，对州吁并不忠服。州吁为了缓解矛盾，便想到用战争的方式来转移卫国内部的舆论。州吁联合宋国、陈国、蔡国一齐攻打郑国。卫国与郑国是世仇，州吁攻打郑国也是情理之中的，并在春天、秋天各攻打一次，并抢了郑国秋天的收成。州吁虽然发动了两次战争，小有收获，但并没有让卫国的民心归顺、平静下来。

　　州吁有一个臣子叫石厚，也是州吁的心腹。石厚清楚州吁在国内的情况，亦十分着急。石厚想到自己的父亲是卫国前朝的元老，此刻虽然告老还乡，但石厚相信父亲石碏的策略智谋，便回家向父亲请教州吁该怎样稳定国内的秩序。石碏说，只有让州吁去面见周天子即可。石厚认为很有道理，虽然周天子有点式微，毕竟还是名义上的天下共主。如果周天子接见了州吁，其他诸侯都要承认州吁是卫国的国君。那样，州吁的君位就稳了。

　　石厚又问父亲石碏，怎样才能见到周天子？石碏告诉石厚，要通过陈国。陈国国君是周天子的宠臣，又是卫国的盟友，请陈国国君出面，周天子一定接见州吁。石厚与州吁商量后，都认为这是一个好办法，立刻照办。就在州吁和石厚奔赴陈国时，石碏的密函已经先期到达陈国。石碏在信上说："卫国弱小，而老夫朽矣，无能为力。州吁和石厚两个人，是大逆不道的弑君者、乱臣贼子，人人得而诛之，请贵国主持正义！"

州吁和石厚没有想到，石碏为了卫国会大义灭亲！陈国把州吁和石厚当场扣押，卫国的右宰和石碏的管家到达陈国后，监斩了州吁和石厚。卫国众臣立公子晋为君，史称卫宣公。卫国经过州吁的动荡后，社会又归于平稳。

卫国内乱不久，又有两位国君死于非命。第一个是鲁隐公。鲁国也是周朝最早的封国之一，始封之君是周公的长子伯禽，国都曲阜。从伯禽到隐公，共计十三个国君，春秋就是从鲁隐公元年开始的。

鲁隐公的父亲是鲁惠公。鲁惠公有两个儿子：一个是声子的儿子，就是鲁隐公。一个是仲子的儿子，即后来的鲁恒公。鲁惠公的第一位夫人是宋国的公主，叫孟子。孟是排名的意思，就是大女儿。孟子却没有生孩子，而随孟子陪嫁的声子却给鲁惠公生了个儿子，就是后来的鲁隐公。鲁惠公在孟子去世后，又娶了孟子的妹妹仲子。仲子生了个儿子，就是后来的鲁恒公。虽然鲁隐公大鲁恒公很多岁，但鲁恒公的母亲是宋国的公主，而且是鲁惠公迎娶进门的第二个夫人。从这方面来讲，鲁恒公是鲁惠公的嫡长子，而鲁隐公却不是。

鲁惠公去世后，由于鲁恒公年龄很小，就由鲁隐公摄政。鲁隐公就是一个代理国君，这一点鲁隐公很明白，鲁隐公也遵守这个规矩。鲁国有个大夫叫羽父，是一个自以为是的野心家。在公元前719年时，州吁联合宋国、陈国、蔡国伐郑，因为宋国与鲁国有婚姻关系，宋国希望鲁国也参与。鲁隐公因为明白自己是代理国君，不愿意冒险，只想把国家平稳地交付给鲁恒公，而婉言谢绝了宋国的请求。鲁国大夫羽父却带军队参与联军伐郑，以致后来羽父的权势越来越大，野心更加膨胀了起来。

羽父向鲁隐公提出，羽父可以去暗杀鲁恒公，条件是让羽父成为卿相。鲁隐公却说，我是代理国君，只是因为鲁恒公年幼，现在鲁恒公长大了，我正要还政于鲁恒公，而且我自己养老的地方都找好了。这让羽父大出意料，同时胆战心惊，怕鲁隐公把今天的事告诉鲁恒公。羽父离开鲁隐公之后，便向鲁恒公诬陷鲁隐公，并寻找机会下手，以便杀掉鲁隐公。

鲁隐公是一个迷信巫术的人。为了祭祀巫神，进行斋戒，鲁隐公住进一位大夫家里。羽父抓住这个机会，派刺客杀了鲁隐公，而羽父却又借机栽赃于这位大夫，并杀掉大夫家几个人，以了此事。鲁隐公和大夫的家人，就这样被羽父谋杀了，成了不白之冤。而鲁隐公则成了春秋时期第一个被刺杀的国君。

宋国，同样是周朝最早的封国之一，始封之君是殷纣王的庶兄微子启，国都商丘。从微子启到宋武公，共十二君。宋武公有两个儿子：一位是宋宣公，一位是宋穆公。宋武公去世后，传位于宋宣公，这在周朝是父传子继的正常继承君位。而宋宣公去世前，却不把君位传给太子与夷，而是把君位传给弟弟，这就是宋穆公。宋宣公讲，父死子继，兄终弟及，这是天下通义。宋宣公的意思是，父亲去世了，可以传位给儿子。兄长去世了，也可以传位给弟弟，这也是天经地义的事情。殊不知，宋宣公这一传，却给后代造成了祸端。

宋穆公自知欠了哥哥一个大情，所以宋穆公在临终前，安排把君位传给宋宣公的儿子与夷，并请孔父嘉为顾命大臣。孔父嘉作为新君与夷（也就是史称宋殇公）的辅佐，也是宋穆公遗嘱的执行人。孔父嘉只好让宋穆公的公子冯出国，住到郑，以此避免双方间的冲突。

宋殇公在位十年，对外打了十一次战争，使得宋国国库空虚，民不聊生。这时宋国的太宰华父督，趁机在民间散布谣言，煽风点火，说战事频繁的罪魁祸首就是主管军政大权的孔父嘉。等舆论造足之后，华父督发动兵变，杀死了孔父嘉。宋殇公大怒，华父督迅即把宋殇公也杀了。华父督把公子冯从郑国接回来，拥立为国君，史称宋庄公。

这三起弑君案揭开了春秋时代的序幕。从周天子作为国家之王，荒淫败德，自乱秩序以来，弑君是诸侯国中最大的乱秩序事件。周朝的以礼治国、以德治国，也由此开始滑坡。其后的和平演变，虽然让历史少了血腥，却也是家臣坐大，而让诸侯国改换国君，更是拉开了战国的篇章。

田氏代齐与三国分晋：

齐国，也是周朝最早的封国，首位国君是姜子牙。姜子牙大名鼎鼎，民间更是把姜子牙作为神话人物，可见姜子牙的智慧是很高的。姜子牙作为齐国的封君，在齐国因地制宜，把周朝、东夷、殷商、西戎等不同文化与生产形式组合起来，走上了新的发展阶段。这是齐国变得强大的原因之一。其他诸侯采取的是公族制，也就是封君自己族人为主的管理制度，而齐国则采取了用外人来管理国家的制度。

田氏的始祖叫完，本是陈国的公子，因为国内战乱而投奔齐桓公，并在齐国落户，称为田氏。到了齐国齐景公时期，国民收入的三分之二都要交给国家，留给自己的仅有三分之一，这是很重的税。我们都知道周朝的井田制，就是每户耕种一百亩地，每八户为一井，每户轮流耕种100亩公田。井田制的目的就是税率，也就是说，井田制的税率是每九税一，农民、国民的纳税率为九分之一。齐景公时期的税率达到了九分之六，这个高昂税率导致了两个严重的问题：一个是齐景公国库里的粮食今年的压在去年的粮食上面，去年的粮食压在前年的粮食上面，多得吃不完，而下面的粮食都腐烂了。另一个是老百姓食不果腹、衣不遮体，饿死、冻死者不计其数。齐国的两极分化造成了社会巨大的潜在动荡。

此时的田氏，则反其道而行。田氏收租、收税、收费用小容器收，借出去的用大的容器多给，遇到困难的老百姓，田氏给予一定的救济。田氏的恩惠普施让老百姓感到"爱之如父母，而归之如流水"，很快就尽收齐国百姓之心，此后田氏越来越多地参与到齐国的政治中。越来越强大的田氏先后挤垮了齐国最大的两个卿族——国子和高子，更是通过废立国君之际，掌握了齐国的治国大权。齐悼公是田氏第六代掌门人僖子拥立的，而田氏的第七代掌门人成子则更甚，杀掉简公，又拥立平公，也就是说，齐国国君的立废与生死都在田氏的掌控之中。

成子拥立齐平公任齐国国君之后，成子与齐平公开始分工。齐平公负责赏赐臣民的事，使齐平公享受臣民的赞誉。而成子则负责对臣民的惩罚，使恶名由成子来背。齐平公很同意这样做，但齐平公没有想到的是，臣民喜欢赏赐，却更害怕惩罚。惩罚的权力现在在成子手里，国人畏惧的不再是齐平公，而是成子了。成子手握生杀大权，迅速消灭了异己，同时把齐国大部分的土地收归到田氏家族，更是远远超过了齐平公能够控制的土地面积。

公元前386年，田氏第八代掌门人田和被周天子册封为诸侯。七年之后，只剩下一座城邑的齐康公去世，姜氏的齐国彻底消亡，而新的田氏齐国则兵不血刃地崛起。历朝历代，通过战争立国，推翻前朝的方式，在田和这里开了新章。这就是历史上最早的和平演变。和平演变从此进入历史，更成为诸国时刻警备的悬钟、丧钟。

几乎与田氏代齐相同，晋国的下场却远不及齐国，毕竟田氏代齐是兵不血刃，由和平演变的。而晋国则是通过战争，从而拉开了战国的序幕。

　　晋国是周朝最早的封国之一，晋国的初始封君是唐叔虞，是周成王的弟弟。晋国是败在卿族上！异性贵族权势越强大，再加上卿位世袭，即形成卿族，更使卿族势力不断坐大，而国君却对此无能为力。例如：晋灵公是赵氏卿族赵穿杀掉的，晋厉公是栾书与中行偃杀的，这些恶迹都是卿族坐大的必然结果。接替晋厉公的是晋悼公，在即位前与各大卿族约法三章。晋悼公说：一个邦国之所以需要国君，就是因为要有人发号施令，如果立了国君又不听国君的，请问立他干什么？需不需要我，听不听我的，都在今天一言为定。当时异姓卿族都说：这也是臣等心愿，敢不唯命是从。

　　好一个晋悼公，说这些话的时候，年仅十四岁，都把家国之事看得如此清楚。不仅仅是见识不凡，更是胆略不凡。即使晋悼公有才略，从年幼上任，也无力改变卿族越来越坐大的这个事实。当然，这些卿族之间的战争，才保得住晋国国君暂时的平稳。在晋悼公时期，参与执政的卿族有十几家，最后稳定在六家在晋悼公去世后的一百多年里，由这六家卿族轮流执政。卿族形成的过程是权力集中的过程，也是卿族之间争杀的体现。

　　公元前583年，晋景公发兵围剿赵氏卿族，大开杀戒，赵氏近乎灭族。在韩氏卿族的说情下，赵武幸免于难，并被复封。公元前497年，范氏和中行氏趁赵氏内乱之际发兵攻赵，赵武的孙子赵鞅逃到晋阳后被围。这时魏、韩、知三大卿族力助赵鞅，反败为胜，打败了范氏和中行氏。在范氏、中行氏灭亡后，赵、魏、韩和知四大卿族瓜分了范氏、中行氏的地域。其中，知氏得地最多，却继续向韩、魏、赵三家索要。韩康子和魏恒子满足了知氏的贪欲，而赵襄子却寸土不让。

　　知氏的智伯联合韩庚子、魏恒子联合攻赵，围困晋阳。三家联军掘开汾水灌城，而晋阳城内也是兵乏粮尽，危在旦夕。或许是天不灭赵，韩庚子和魏恒子深知，智伯在灭了赵襄子之后绝不罢手，下一个或许就是自己。韩庚子和魏恒子在关键时刻反戈一击，与赵襄子联手攻击智伯，智伯兵败身亡。知氏被灭，地域由赵、韩、魏三家瓜分，晋国公室名存实亡。公元前403年，周天子威烈王命韩虔、赵籍、魏斯为诸侯。到了公元前376年，魏武侯、韩哀侯、赵敬侯瓜分了晋国公室。

春之发，秋多事，春秋时期自公元前770年到公元前476年的时间内，见证了王无德、臣失序的动荡时代。春秋时期是周朝没落的开始，更是周朝作为奴隶社会向封建社会转型的开始时期。从周幽王的失德乱序到弑君乱序为起点，这是国家社会制度顶层设计的动荡，战争都在小规模上徘徊。特别是齐国的田氏代姜，为国家社会变革提供了一个新的方式。三家分晋，则是卿族坐大的必然后果，在历史长河中不断重复上演。而笔者想说的是：一个国家的兴盛与衰亡，也是秩序为第一位的。德是秩序存在的体现。当国家从上而下失德，国家也就乱了秩序，社会也就乱了，国家也就亡了。而这也仅仅是代表一个国家的灭亡与新生而已。如果从原始社会到奴隶社会到封建社会的转向发展来看，在社会制度与秩序的进化过程中，是必然地从一个国家的灭亡与一个国家的新生作为起点的。从原始社会向奴隶社会过渡时，母系氏族社会是中间过渡的主体，显然没有把母系氏族社会中的国家概念提出来，这与当时的社会生产力与形态有关。而夏朝的建立，则把奴隶社会的雏形给树立起来逐步形成秩序。夏、商、周三个时代的发展，把奴隶社会发展到极致，也必然会有衰亡。人的思想在不断学习与发展，社会形态与秩序也是，特别是在春秋时期，社会的动荡引起思想上的大解放、大争鸣，也就是历史上称之为"百家争鸣"的思想运动发展时期。

百家争鸣：

在中国历史上，自公元前 770 年到公元前 221 年这段时期内，是中国思想和文化最为辉煌灿烂、群星闪烁的时代。春秋战国时期的社会处于大变革、大动荡时期，各诸侯国、各大世族招贤纳士之风盛行。最为出名的莫过于齐国的田文，又名孟尝君，是战国时期四大公子之一。田文封地在薛邑，招揽各诸侯国的宾客及有一技之长的罪犯和逃亡之人。田文宁舍弃家业也要给他们丰厚的待遇，因此使得天下的贤士、技人纷纷前来投奔。在鼎盛时期，田文的食客多达几千人，虽然食客中鱼龙混杂，却也有小人派上大用场的时候。

《史记·孟尝君列传》记载，齐孟尝君出使秦，被秦昭王扣留。孟一食客装狗钻入秦宫偷出白裘献给昭王妃，以说情放孟尝君归国。孟尝君逃至函谷关时，秦昭王又下令追捕。紧急之时，孟尝君又一名食客装雄鸡鸣，骗得秦军早打开城门，孟尝君得以回到齐国。孟尝君养士之多，人员技能之杂，皆可以有用武之地。就是这两个鸡鸣狗盗之徒，给中国的成语库增加了一个英雄不问出处的生动故事。

孟尝君之所以名声大振，尽收人心，也与孟尝君的食客有关，冯谖就是其中之一。冯谖初到孟尝君处，是最下等的食客，但冯谖发过几次牢骚，孟尝君闻言后都一一满足他。冯谖据此判断孟尝君的大度与容人之量，时刻准备报答他。某日孟尝君要派人去薛地收债时，却没人肯去。孟尝君正在犯难之际，冯谖自告奋勇。孟尝君拿出契约让冯谖去收债，并让冯谖看看他缺什么，就买什么回来。冯谖来到薛地，派人与欠债百姓核验债务与百姓情况。核验无误后，冯谖假托孟尝君之命，把百姓所有的债务给予免除，并当场烧掉契约。这使百姓感恩戴德，高呼万岁。冯谖赶回齐都，第二天一早去求见孟尝君。

孟尝君问冯谖："债都收完了吗？回来得这么快？"冯谖回答都收完了。孟尝君又问："买了什么回来？"冯谖回答说："我看您什么都不缺，我就用契约买了'仁义'回来。"孟尝君听冯谖把事情讲完，很不高兴。一年后，孟尝君被罢了官，被迫返回自己的封地薛城。薛城的百姓听说孟尝君回来了，纷纷扶老携幼，迎于道中。看到百姓对自己的热情，孟尝君此刻才恍然大悟，冯谖的"仁义"原来如此！这是买的人心啊！这与田氏代齐之初有异曲同工之妙。

或许孟尝君的门客各有一技之长，但对孟尝君所做的也是一人之力，在历史上留下的闪光点并不多。战国末期，秦国丞相吕不韦则要高明得多。吕不韦也是门客众多，数量多时达三千多人。吕不韦与当时养门客的略有不同，那就是吕不韦没有养征杀勇士，而是各家、名门的优秀者。吕不韦命门客集思广益，征集各门之长，编写一部书，以传后世，这部书就是《吕氏春秋》。

《吕氏春秋》是中国历史上第一部有组织、按计划编写的文集。上应天时，下观地利，以道家思想为基调，坚持无为而治的准则，用儒家伦理定位价值尺度，吸收墨家的公正观念、名家的思辨逻辑、法家的治国技巧，加上兵家的权谋变化和农家的地利追求，形成一套综合的国家治理学说。《吕氏春秋》于公元前 239 年前后完成，共作十二纪、八览、六论，博采众家之长。

吕不韦对此书非常重视，取名为《吕氏春秋》。为了精益求精，更为了扩大影响，吕不韦想到一个绝妙的办法。吕不韦命人把《吕氏春秋》誊抄整齐，悬挂在咸阳城门，并言明：如果有人能改动一字，即赏千金！这个方法，与商鞅变法时的徙木立信有同样的效果。消息传开后，人们蜂拥前去，也包括诸侯国在秦国的游士宾客在内，却没有人能够对《吕氏春秋》上的字加以改动。经此一事，《吕氏春秋》大名远扬，成为春秋战国时期最有影响力的著作。

《吕氏春秋》编写严谨，规模宏大，共分十二纪、八览、六论。十二纪又分为每纪五篇，共计六十篇。八览又分每览八篇，因（有始览）少一篇，共计六十三篇。六论又分每论六篇，共计三十六篇。加上（序意）一篇，合计一百六十篇。

十二纪按照月令编写，文章内容按照春生、夏长、秋收、冬藏的自然变化逻辑排列，属于应和天时的人世安排，也体现了道家天道自然与社会治理的吻合。八览以人为中心，基本上属于人察人情之作，围绕人的价值观、人际关系、个人修养等展开。六论以人的行为及事理为主，包含了人们行为的尺度、处事准则、情境条件及地利方面。《吕氏春秋》有严密的计划和预设，按照天、地、人三个层次的互相呼应，确定主题，展开论述，体现道法自然之意。

《吕氏春秋》正如序意所说："凡十二纪者，所以纪治乱存亡也，所以知寿天吉凶也。上揆之天，下验之地，中审之人，若此则是非、可不可无所遁矣。"《吕氏春秋》试图归纳出治乱存亡的历史经验，形成寿天吉凶原因的深层认识，解释并验证天、地、人之间的一切现象，使是非、可与不可的道理呈现于人。《吕氏春秋》是春秋战国时期各家思想的集大成者，而始于春秋时期的百家争鸣，才是《吕氏春秋》的起点。吕不韦主导编著《吕氏春秋》而名留历史，更重要的在于，《吕氏春秋》的出现，使得秦始皇有了后来的焚书坑儒的基础，为了统一后的社会文化、文明找到一个国家意志的体现。

百家争鸣使春秋时期的思想发展与分工细化呈现在中国历史上。百家争鸣是中国历史上第一次大规模的思想解放运动，有力地推动了中国历史的发展。百家争鸣也是中国学术文化、思想道德发展的重要阶段，奠定了中国整个封建社会时期的政治、文化、军事基础。百家是指当时的学术派别之多，实际上自成学派的有一百多家，但真正有影响力的、对后世有重大影响的也不过十几家而已。百家争鸣的成果就是取长补短、相互竞争、共同成长，以致成为今天传统文化的主体之一。

起因于社会的急剧变化，各学派热烈争辩，著书立说，阐述各自的思想和政治主张。各派政治力量的学者或思想家，都企图按照本方的利益和要求，对社会、对事务做出解释，提出主张见解。他们广收门徒，频频向各国游说，于是出现了思想文化"百家争鸣"的局面。

百家争鸣的出现，也是基于特殊的历史背景，也推动了春秋晚期与战国初期各国的先后变法。变法，是相对于周朝沿袭下来的制度、秩序而言。西周王朝的摇摇欲坠，就是社会秩序已经不适合社会的发展，需要对社会秩序、社会制度进行改革，亦称变法。变法，也是针对法家而言的。春秋战国时期，几乎所有的社会变革都是由法家学派来主导完成的，由此说变法，称法家变革，亦称变法。社会的变法不是一个学派的成功，而是整个时代的成功。每个学派各有优长与不足，从而成就自己也成就别人。在百家争鸣中，有十几家学术思想至今仍有影响，他们亦是中国文化思想细分的开山之祖。

1. 儒家，代表人物有孔子、孟子、荀子。

儒家学派以孔子为代表，主张"德治与仁政"。孟子主张"民贵君轻""性善论"。荀子则是"性恶论"。从春秋战国背景来看，儒家主张以礼治国，呼吁恢复"周礼"，无疑是与历史的发展相反，以礼治国的时代一去不复返了。儒家作为教育家则是非常合格的；对国之初定，也是符合的；唯独对于一个即将分崩离析的王朝而言，儒家是百无一用。

2. 道家，代表人物有老子、庄子、列子。

道家追求无为而治、清静自正，主张因俗简礼、宽刑简政、依道生存、依法治国。

3. 墨家，代表人物有墨子。

墨子以"兼相爱、交相利"作为基础，反对一切侵略战争。在先秦时期，墨家与儒家齐名，并称为"孔墨显学"。

4. 名家，代表人物有惠施、公孙龙。

名家以辩论名实问题为中心，并且以善辩成名的一个学派，而被人称为"名家"。著名的言论如"白马非马"等，因此而占一席之地。

5. 阴阳家，代表人物有邹衍。

阴阳家提倡阴阳五行学说，认为阴阳是事物本身具有正反两种对立和转化的力量，来说明事物发展变化的规律。

6. 纵横家，代表人物有苏秦、张仪，师从鬼谷子。

纵横家也就是现今的外交家，在战国时期以纵横之策游说诸侯，从事政治、外交活动的主要人物。

7. 杂家，代表人物有吕不韦。

杂家是综合学派，因"兼儒墨，和名法"，于百家之道无吕不韦不贯，综而得名。吕不韦主导编著《吕氏春秋》而名留历史，更重要的在于，《吕氏春秋》的出现，使得秦始皇有了后来的焚书坑儒的基础，为了统一后的社会文化、文明找到一个国家意志的体现。

8. 农家，代表人物有许行。

农家出自古代管理农业的官吏。农业是衣食之本，应为社会第一位。因注重农业生产为名。

9. 小说家，无代表人物。

小说家代表平民社会之四方风俗，因其多为小道传说，而不为世人所重，终致弗灭。

10. 医家，代表人物有扁鹊。

医家泛指从医之人。扁鹊见蔡桓公之段，最为经典。

11. 兵家，代表人物有孙武、孙膑、吴起。

兵家是对中国古代军事家及战略家的通称，兵家重要的著作有《孙子兵法》《孙膑兵法》《六韬》《尉缭子》等。

12. 法家，代表人物有商鞅、管仲、韩非子等。

法家主张依法治国，不别亲疏，不分贵贱，一断于法。商鞅的法、慎到的势和申不害的术，成为法家的代表人物。

春秋战国的背景下，百家争鸣是各国相争与求学的综合体现。乱世用重典，意在平复社会秩序。在道德滑坡而又屡禁不止的情况下，用法律、用规则是最好的方式。当然，执法必严。天子犯法与庶民同罪的平等观念，是社会凝聚力量的最优方法。法律是从无到简、从简到繁、从繁到专的一个发展过程。而国家的变法，则是化繁为简、剔除老旧，引入新生，使国富民强，为大争之世的国家赢得时间与实力的最终胜出。

第三章 战国时期是变法与旧秩序的较量

春秋战国时期的思想解放，形成百家争鸣，更是催生了各国先后的变法图强，也是改革秩序创新。这次变法与百家争鸣密切相关，也与社会发展相关。在这一时期，先后有齐国的管仲变法、楚国的吴起变法、魏国的李悝变法与秦国的商鞅变法。改革家们的努力，让所在国国富民强，迅速崛起，直接从春秋时代催生了战国时代的形成。

管仲变法：

管仲，公元前 723 年—公元前 645 年，姬姓管氏，名夷吾，字仲，谥敬，被称为管子、管夷吾、管敬仲。颍上人，周穆王后代。管仲是中国古代著名的政治家、军事家、经济学家，因主导齐国改革而名扬于世。《战国策》《国语齐语》《史记·管晏列传》《管子》《左传》等，都有记载管仲的生活传记。

管仲的重商政策，使齐国的工商业繁荣发达，依靠国家垄断商业及经营，从而致富成为强国。《左传》：太上有立德，其次有立功，其次有立言；虽久不废，此谓不朽，改革变法举措。

政治行政：

整顿和划分行政区和机构，把国都划分为六个工商乡和十五个士乡，共二十一个乡。其中，十五个士乡是齐国的主要兵员。把国政分为三个部门，制定三官制度。官吏有三宰，工业立三族，商业立三乡，川泽业立三虞，山林业立三衡，郊外三十家为一邑，每一邑设一司官。十邑为一卒，每一卒设一卒师。十卒为一乡，每一乡设一乡师。三乡为一县，每一县设一县师。十县为一属，每属设一大夫。全国共五属，设五大夫。每年年初，由五大夫把属内情况向齐桓公汇报，督察功过。于是齐国形成一个强有力的管理整体。

军事方面：

管仲强调寓兵于农，规定国都中五家为一轨，每轨设一轨长。十轨为一里，每里设有司。四里为一连，每连设有连长。十连为一乡，每乡设一良人，主管乡的军令。战时组成军队，每户出一人，一轨出五人，五人为一伍，由轨长带领。一里五十人，五十人为戍，里由司带领。一连二百人，二百人为一卒，由连长带领。一乡二千人，二千人为一族，由乡良人带领。五乡一万人，一万人为一军，由五乡元帅率领。管仲把保甲制和军队组织紧密结合在一起，每年春秋训练军队，提高军队的战斗力。这样可以使兵卒之间团结居住，夜间听声音就可分辨敌我，白天看容貌大家互相认识，利于军队的团结与复杂情况下的识别。

经济方面：

管仲提出"相地而衰"的土地税收政策，就是根据土地好坏的不同，来征收多少不等的税赋。税赋负担合理，百姓的生产积极性大大提高。管仲提倡发展经济、积财通货，设轻重九府，发展渔业、盐业，鼓励与他国贸易，齐国的经济开始繁荣。特别是在盐铁专营方面，制定了完善的制度，成为齐国税收的主要来源。

　　管仲变法有三个重要的成就：第一，通过价、财、税整体配套改革，第一次形成了系统性的国民经济治理体系。第二，管仲所提出的盐铁专营政策，作为国家干预经济的经典模式，一直影响到今天。第三，管仲治理下形成的经济制度，是中国古典市场经济体制的雏形。

　　管仲的变革思想，重视制度建设，思想务实。以发展经济为主轴，所涉及的众多经济命题，如产业政策、财政税收、价格、消费、国际贸易等，涵盖了所有的治国范畴。管仲治理齐国，很快使齐国实力强盛，得以使齐国用"以商止战"，不断扩大国际贸易，并以军事实力威慑维持国际均衡。管仲被称为"春秋第一相"，辅齐桓公成为春秋时期第一位霸主，所以又说"管夷吾举于士"，并有《管子》一书传世。

李悝变法：

　　李悝，公元前 455 年—公元前 395 年，别名李克，战国时期的改革变法家，开创战国时期改革的先河。魏文侯时期，任用李悝为相，进行变法改革。李悝在政治上主张废止世袭贵族的特权，任用贤能，赏罚分明。经济上实行尽地力，平籴法。李悝的主要变法为以下四大项。

　　1. 废除奴隶制

　　废除奴隶制的世袭制度，根据能力来选拔官吏，取消旧贵族原来享有的世袭俸禄，用来招募贤才，发展国力。

　　2. 废除井田制

　　正式废除了中国传统的井田制，采取"尽地力之教"的政策，鼓励民众垦荒，废除原来井田制度下的土地界限，允许土地买卖。对国内所有土地进行评估，估算国内的土地产量，制定合理的税收制度。按照土地贫瘠标准，分配给农民土地，鼓励农业生产的积极性。

3. 实行法治

实行法治，建立完备的魏国法律《法经》，对于国家法令、政府职能、官员的升迁奖励、军功奖励都做了完善的规定。

4. 改革军事

改革军队制度，建立"武卒"制，即对军队的士兵进行考核，奖励其中的优秀者，并且按照不同士兵的作战特点，重新将他们进行队伍编排，发挥军队的作战优势。

李悝变法的第一条，是对残存的奴隶贵族世袭制度的最后颠覆。世袭制度的废除，向各国招贤纳士，使魏文侯统治时期的魏国有了英才荟萃的局面。

李悝变法的第二条，是对中国传统井田制的最后颠覆。井田制度经过春秋时代连续动荡，早已名存实亡，也成为奴隶主贵族维护封建的一个口实。尽地力的实施，使魏国的耕种面积在这一时期快速增长。传统的奴隶主贵族经济彻底打破，大批原本属于奴隶主贵族的土地，经过开阡陌的方式，转入新兴地主阶级和农民手里。魏国经济的全面转型，在此过程中完成。

李悝变法的第三条，奠定了中国封建社会各个方面的制度，在整个中国封建社会中，都是被后世各学者推崇的典范。

李悝变法的第四条，对于魏国是最为直接的。魏武卒制度的确立，是把兵卒职业化、技能化，使魏国拥有了一支强大的军队。在当时的战国军事界内，有"齐之技击不可遇魏之武卒"之说，可见魏国武卒的战斗力，一度是战国时期最强悍的。

李悝变法成功，使魏国国强民富，更成为后来诸国变法图强的样本。作为战国时期第一个变法的魏国，在魏文侯时期达到高峰。李悝作为变法的执行者，使战国时期的政治、法律、军事、经济、文化的改革逐渐进入更深入、更广泛的局面，带动了整个社会制度与结构的变动；更是在魏国确立了土地私有制和个体小农经济制，开创了中国历史上封建制度正式确立的标志。

吴起变法：

吴起，公元前440年—公元前381年，卫国人，曾任鲁将、魏将，屡建奇功。楚悼王继位后，连年遭到魏、赵、韩等国的进攻，不断丧失国土。在极其窘迫的情况下，楚悼王不得不重礼贿赂秦国。在秦国的帮助下，楚国与韩、魏、赵讲和。楚悼王从此立意改革。吴起来到楚国，为楚悼王分析楚国的时弊，并指出要扭转这种局面，只有"明法审令"，尽快变法革新。

吴起分析的种种时弊，楚悼王深有感触，于是任命吴起为宛守，防御韩、魏、赵。一年后，晋升吴起为令尹，主持变法。明法审令，实行法治。吴起总结了李悝在魏国变法的经验，深知法治的重要性。吴起在变法中制定法令，公布于众。

1. 均爵平禄

凡封君的贵族，已传三代的取消爵禄，停止对疏远贵族的按比例供给，将国内贵族充实到地广人稀的边远地区。吴起认为楚国积弱的原因是"大臣太重、封君太众"。他们对上威逼君主，对下欺凌百姓，导致国贫兵弱。吴起实行"封君之子孙，三世而收爵禄，减百吏之禄秩"的政策，废除旧贵族世官特权。吴起还根据楚国地广人稀的特点，把旧贵族及所属迁到人迹罕至的荒凉地区，在打击贵族势力的同时，对楚国边远地区的开发起到积极的作用。

2. 废除无用、无能的官职

吴起早年在鲁国、魏国都以军事见长。吴起认为强国之要在于强军。而强军需要庞大的开支，吴起则用"捐不急之官，废公族疏远者"的方法来解决，用财政来提高士兵待遇，增强战斗力。吴起在楚国的变法，旨在富国强兵。任用贤能，打击楚国大贵族的既得政治、经济利益，遇到大贵族的激烈反对。吴起的变法，促进了楚国贵族政治向官僚政治的转变，也深刻影响到商鞅的变法。

商鞅变法：

商鞅，公元前395年—公元前338年，姬姓，公孙氏，名鞅，卫国人。战国时期政治家、改革家、思想家、军事家，法家代表人物，卫国国君后代。因在秦国被秦穆公封于商地，也被称为商鞅。商鞅年轻时卫国没落，逐去魏国，作为魏国宰相公叔痤的中书，亦同家臣。公叔痤在病重时，向魏惠王推荐商鞅，而魏惠王则未采纳。三年后商鞅来到秦国，与秦穆公三议而合，携手变法，励志图强。

秦孝公之前，秦国连年征战，使得秦国积弱难返，民力贫穷。秦孝公急于改变现状，使秦国民富国强；在与商鞅彻谈后，立志把秦国改天换地，使秦国强大起来，力主商鞅变法。商鞅在秦国开始改革，主体为三部分：第一，废领主制，行地主制。第二，废封建，行郡县制。第三，废世袭制，行任命制。

西周王朝是邦国制，其特点是分权。天子分权诸侯，就是封邦建国；诸侯分权予大夫，封土立家。然而权力一旦下放，就再也收不回来了；下一级一旦强大，上级就如空壳。春秋五霸出现，天子被架空。士族强盛，诸侯被架空。这就是邦国制的弊端。天子被架空，国家必亡。晋国三分，齐国易主，鲁国落败，皆源于此。要国家强盛，须改分权为集权，改周制为秦制。第一个做法就是用军功的新贵族取代世袭的老贵族，拿掉贵族的特权。

老贵族是领主，这些大夫对自己的封地有治权，而诸侯不能干预。在法理上，大夫封地的民众只忠于大夫，而不能忠于国君。大夫在自己的封地拥兵自重，盘踞封地，架空国君，这是诸侯国君的心疾，也是心腹大患。

商鞅以军功新贵来替代旧贵族，不论血统论军功。新法颁布后，所有贵族都必须从没有军功的宗室做起。按照军功的大小重新确定尊卑贵贱、爵位俸禄。没有军功的，取消爵位，降为民户中的地主和商人。有军功的，爵位最高也不过是封侯。只要有军功，哪怕不是宗室，也能封侯，也能成为新贵族。新贵族对自己的封地无治权，只有财权，只收租，不理事。原先依附于旧贵族的民众，重新划分，变成直属国君的庶民。

商鞅的改革，领主没有了，领地也没有了，使秦国没有封地，只施行郡县。全秦国共设三十一个县，置县令、县丞治理。没有了封地，也就没有了世袭的旧贵族，也没有了世袭的爵位。按军功、才能任职，职位不再世袭。有才能的人，即便不是秦国人，亦可出卿入相。相反，即使以前的贵族，也一样没有任何职权。这新法的实施，真正的意义在于收权，形成中央集权，这是秦国本次变法的重中之重。新法实行，国君的地位提高了，并拥有绝对的权力。贵族的势力落魄了，减少了世家的威胁。民勇于战，战斗力增强。封地取消，国力极大提高了。

商鞅变法初时，没有人会相信秦国的新政。商鞅通过两件事，使得新法迅速实施，并深入人心，赢得成功。一是徒木立信。《史记·卷十八·商鞅列传》：孝公用卫鞅，鞅欲变法，恐天下议己。令既具，未布，恐民之不信己，乃立三丈之木于国都市南门，募民有能徙置北门者予十金。民怪之，莫敢徙。复曰："能徙者予五十金。"有一徙之，辄予五十金，以明不欺。卒下令。商鞅以此立信。

商鞅更是执法奉公，《史记·商鞅列传》：令行于民期年，秦民之国都言初令之不便者以千数。于是太子犯法。卫鞅曰："法之不行，自上犯之。"将法太子。太子，君嗣也，不可施刑。刑其傅公子虔，黥其师公孙贾。明日，秦人皆趋令。行之十年，秦民大说，道不拾遗，山无盗贼，家给人足。民勇于公战，怯于私斗，乡邑大治。秦民初言令不便者有来言令便者，卫鞅曰："此皆乱化之民也。"尽迁之于边城。其后民莫敢议令。

商鞅的新法，使秦国在优胜劣汰的竞争中脱颖而出，这一切归功于商鞅新法的制度施行的好，有了新的社会秩序。新秩序最大程度地集中国内资源和财富，更是极大地激发百姓的生产能力和战斗潜力。秦国令行禁止，步调一致的集体化，为秦国的强势崛起奠定了基础，为秦国日后统一华夏夯实了基础。商鞅把秦国从诸侯变成王国，并为王国变帝国搭建好舞台，铺平了道路，做好了帝国秩序建设与制度建设。

秦灭六国开创帝国。

秦国自商鞅变法后，建立中央集权的国家行政制度，社会及民生得到极大的改善与发展，使经济实力强大，军队装备精良，战斗力强。至秦嬴政执政时，其他六国先后衰落，唯独秦国越来越强。公元前238年，秦王嬴政亲政。李斯与尉缭子等协助秦王制定了统一六国的战略策略，开始周密部署统一六国的战争。

秦灭六国的战略有两个方面：一个是乘六国混乱之际，秦国"灭诸侯，成帝业，为天下一统"。秦王嬴政采纳尉缭子破六国的合纵策略，"毋爱财务，贿其豪臣，以乱其谋"，从内部瓦解敌国。而且进行先近后远的具体战略部署。李斯建议秦王先攻韩、赵，"赵举则韩亡，韩亡则荆魏不能独立。荆魏不能独立，则一举而坏韩、蠹魏、拔荆，东以弱其燕"。

秦国的灭韩之战。公元前234年，秦攻韩，韩王派韩非子使秦。秦留下韩非子，不久后杀掉韩非子。公元前231年九月，韩国南阳内只腾主动投降并献出南阳。接受后，秦国实际上以南阳为前进基地，为进攻韩国做准备。

公元前230年，内史腾率领秦军南下渡过黄河进攻韩国，一举攻下韩国国都新郑，俘虏韩王安，继而占领韩国全境，灭亡韩国。秦国在韩地设颍川郡，建郡治于阳翟。此战秦国用绝对优势兵力，突然袭击，将韩国一举占领，占领地处"天下之枢"的战略要地，在统一六国的战争中，迈出了奠基的第一步。秦灭韩自公元前231年开始，至公元前230年结束，历时二年时间，灭掉第一个国——六国之一的韩国。

秦灭赵之战。公元前236年开始灭赵，公元前232年，秦国出动南北两路大军对赵国进行攻伐。王翦统帅军队，进占井陉。杨端和统帅军队围攻邯郸城。赵军在李牧和司马尚的指挥下，与秦军作战，双方将帅势均力敌。秦王与谋臣认为两次攻赵，均被李牧所阻，遂用反间计。花重金收买赵国内臣郭开，在赵王面前诬蔑李牧、司马尚谋反。赵王罢免李牧、司马尚，改任赵葱、颜聚为赵军统帅，并错将李牧杀死。赵国中离间计，为秦国灭赵铺平了道路。

公元前228年，秦帅王翦将赵葱、颜聚击败。赵葱被杀，颜聚带领残兵退回邯郸坚守。赵公子嘉主张战斗到底，率领宗族一同参与邯郸守城。赵王却已失去斗志，竟下令开城向秦军投降。秦军攻下邯郸后，赵国灭亡。公子嘉逃至代地称王。公元前222年，秦将王贲攻代，代王公子嘉自杀，赵国彻底灭亡。

秦国灭赵自公元前236年，至公元前222年彻底灭赵，前后历时十四年。秦国灭赵后，在赵地设邯郸郡、巨鹿郡。赵国是战国后期实力仅次于秦国的国家，并有名将如廉颇、李牧等。赵国因奸佞之臣，致使长平之战战死四十余万人，精锐尽失，以致灭国。

秦国灭魏之战。公元前225年，秦王派王贲率军进入楚国北部地区，占领十余城。此一战使楚国不敢轻动，却保证了秦军的侧后安全。王贲迅即挥军北上，于公元前224年突然进军魏国，包围了魏国国都大梁。魏军据城死守，王贲率军强攻无效后，逐引军决黄河、鸿沟之水淹大梁。三个月后，大梁城坏，魏王假出降，魏国灭亡。秦国灭魏之战，始于公元前225年，于公元前224年灭魏，历时两年。强攻不成，改为水淹，使魏国灭亡。魏国灭亡后，秦国在魏地设砀郡。

秦国灭楚之战。公元前225年，秦王派李信和蒙恬率军20万，趁楚国内讧之际，兵分两路进攻楚国。李信率军先攻克平舆，又攻克鄢郢，引兵向东，与蒙恬会师。蒙恬率军攻克寝，与李信会师于城父。楚王派将军项燕率军对战，乘李信轻敌无备，发动突然袭击，打败秦军，李信带残兵回秦国。

秦王嬴政亲赴频阳，请王翦出战，并按王翦请求调军60万归其指挥。公元前224年，王翦和蒙武率军60万再攻楚国。楚王征调全国兵员，予项燕，在平舆与秦军决战。王翦采取了坚壁自守、避免决战、养精蓄锐，伺机出击的作战方针。楚军多次挑战，秦军始终不出战。楚军求战不得，日久斗志松懈，项燕只好率军东撤。

王翦抓住战机，选精兵在前，马上追击，在蕲南打败楚军，杀死项燕，秦军乘势攻占楚国的许多城邑。公元前223年，王翦、蒙武率领秦军继续向楚国纵深进攻，一举攻破楚都寿春，俘虏楚王负刍，楚国亡。王翦继续向江南进军，占领越国土地。灭楚之战，是中国历史上疲敌制胜的经典战例。秦军改正了轻敌冒进的错误，采取"避其锐气，击其惰归"的作战方针，是战胜楚军的主要原因。秦国灭楚之战自公元前

225 年始，至公元前 223 年结束。秦军灭楚后，秦国在楚地设立楚郡，不久又分为九江郡、长河郡和会稽郡。

秦国的灭燕之战。秦军破邯郸，赵公子嘉逃代后，秦军兵临易水。燕国一片恐慌，燕太子丹认识到诸侯均已服秦，不可能再组织合纵，而采用刺杀秦王的手段。公元前 227 年，燕太子丹派荆轲携带燕督亢地图和秦叛将樊於期首级，与副使秦舞阳前往秦国诈降。荆轲在向秦王嬴政献图时，用夹在图中的匕首行刺秦王嬴政，未遂被杀。

秦王嬴政遂派王翦与辛胜率大军攻燕，在易水之西大胜燕代联军。公元前 226 年秦军又增加兵力，王翦率军一举攻破燕都蓟城。燕王喜与太子丹逃至辽东，秦将李信带兵乘胜追击至衍水，再次打败了太子丹的军队，消灭了燕国的主力军队。燕太子丹向秦王求和，秦王未允许。鉴于燕赵残余势力已是囊中之物，为集中兵力进攻魏、楚，故暂停进攻。

公元前 223 年，秦国灭魏、楚之后，秦王嬴政派王贲率军进攻辽东，俘虏燕王喜，燕亡。秦国在燕地设渔阳郡、右北平郡、辽西郡及辽东郡。

秦国灭齐之战。齐国自济西之战（公元前 283 年）受到燕军重创以来，实力一直未能恢复。在秦国远交近攻的方针下，齐王为了眼前利益对秦王采取友好政策，从而不支持其他五国抗秦。只幻想与秦结盟，既不与各国联合抗秦，也不加强本国战备。直到秦国灭掉五国之后，齐王才感觉到秦国的威胁，并将军队集结在齐国西部，以备抵御秦国的进攻。

公元前 221 年，秦王嬴政以齐国拒绝秦国使者访齐为由，避开了齐国西部主力军队。秦王命王贲率秦军由原燕国南部南下，进军齐国国都临淄。齐军士气本不旺盛，当秦军突然从北方进攻时，更是措手不及，迅速溃败。秦军一举攻占临淄，俘虏齐王建，齐国亡。秦国在齐地设齐郡、琅琊郡。

秦国灭齐之战，秦军采取避实击虚、侧翼进攻的战略，轻而易举地歼灭齐国。秦军对齐的作战势如破竹，一击而胜。秦军吸取了灭楚时轻敌失利的教训，避开了齐国西部齐军主力，由燕地南下，乘虚而入，直插临淄，用闪电战的出其不意，完胜灭齐。至此，秦国逐一灭掉韩、赵、魏、楚、燕、齐六国，统一了中国，建立了中国历史上第一个高度中央集权的帝国，秦王嬴政称皇帝，史称秦始皇。

战国是将帅各显其能的时代。

春秋战国时期名将频出，论其战略战术，皆可以成为军事家，而最为出名的有十位：孙武、吴起、白起、孙膑、李牧、王翦、田单、乐毅、廉颇、赵奢。这十位军事家，在春秋战国时代，开创了军事战争思想与实施的践行合一，奠定了中国古代战争军事思想的基石，直至今天，依然深深地影响着军事战略思想的发展。

1. 孙武

孙武，字长卿，著名军事家，生于公元前535年。春秋时期齐国乐安人。三十岁奔吴，隐于穹窿中，后被吴王阖闾重用。他是中国历史上卓越的军事家、军事理论家、统帅。后人尊称为孙子、孙武子。

孙武曾率领吴国军队大破楚国国都郢城，几乎灭亡楚国。孙武的主要著作有《孙子兵法》十三篇，为后世兵法家推崇，被誉为"兵学经典"，置于《武经七书》之首。《孙子兵法》中开宗明义指出："战争是国家的大事，关系到人民的生死、社稷的存亡，是不可不慎重研究、细心考虑的。"孙武又警告国君不可愤怒而兴兵，将帅也不能因恼火而交战，一定要瞻前顾后，以国家利益为尺度做出决策。

孙武提出"知己知彼，百战不殆"的著名论断，认为一定要对自己的实力和对方的情况了如指掌，随时随地掌握对方的动态变化，而采取相应的应对措施，才能取得战争的胜利。孙武更提出了集中优势兵力打歼灭战的主张，认为不管敌我总体力量对比的强弱如何，一定要创造机会，造成我方在局部兵力上的优势，以十攻一，以众击寡，全歼敌军。孙武的军事思想与军事论断备受军事家们推崇。也因此，孙武被古今中外的军事家们一致尊崇为"兵家之祖"。

2. 吴起

吴起，生年不详，卒于公元前381年，战国初期卫国左氏人，在魏国任西河郡守，在楚国任国相，是中国古代卓越的军事家、军事理论家、政治家、军事改革家。

吴起通晓兵家、法家、儒家三家思想，在内政、军事上都有极高的成就。吴起最早在鲁国做将军，到魏国后战功卓著被魏文侯任命为西河郡守。吴起在河西共23年，进行了系统的改革，军事实力大大增强。吴起与诸侯共有大小七十六次战争，其中六十四次全胜，对魏国的强盛做出了贡献。魏文侯死后，吴起受到排挤，只得去了楚国。

楚王任用吴起为令尹，让吴起主持变法，史称"吴起变法"。吴起推行法治，废除了世代世袭的贵族制度。吴起整顿武备，四处征伐，使楚国成为强国之一。后世把吴起与孙武并称"孙吴"。吴起所著的《吴起兵法》与孙武的《孙子兵法》齐名，《吴起兵法》与《孙子兵法》又合称《孙吴兵法》，在中国古代军事典籍中有重要的地位。

吴起是一名文武全才的将领，军事上他拥有卓越的统帅能力、先进的军事思想。吴起料敌合变、爱兵如子。吴起在军事方面的成就在历朝历代都有极高的赞誉。吴起作为一名政治家、改革家，通过变法使魏、楚国富民强，成为春秋战国时期著名的改革家，通过变法而闻名于世。

吴起战无败绩，是战功卓著的将军，更是军事理论家、杰出的政治家与改革能人，堪称春秋战国第一强人。

3. 白起

白起，卒于公元前 258 年，又名公孙起，战国时期秦国郿县人，秦国国尉，又封为武安君，战国时期秦国著名的军事家、秦军统帅。白起是战国四大名将之一，其他三人分别为王翦、廉颇、李牧。白起一生善于用兵，征战沙场达 37 年，战绩攻取七十余城，歼敌百万，未尝败绩，为秦国的统一奠定基础。

白起指挥过许多重要的战役，曾大破楚军，攻入郢城，迫使楚国迁都，让楚国一蹶不振。伊阙之战又歼灭韩魏联军 24 万人，彻底扫平了秦军的东进之路。长平之战一举歼灭赵军 45 万人，开创了中国历史上最早、规模最大的包围歼敌战先例。白起经历大小 70 余战，从无败绩，令六国闻白起胆寒。据考证，整个战国期间共战死两百余万人，白起率军歼敌过百万。

白起的作战指导方针有以下三个特点：

第一，不以攻城夺地为唯一目的，而是以歼敌有生力量作为主要的作战思想。白起善于野战进攻，战必求歼，这是白起最为突出的特点。

第二，白起为达到歼敌战的目的，强调追击战，对敌人穷追猛打。较孙武的"穷寇莫追"及商鞅的"大战胜，逐北无过十里"，显然更胜一筹。

第三，重视野战工事。先诱敌军脱离对垒阵地，再在预设歼敌地区筑垒阻敌，并防其突围。白起这种以筑垒工事作为进攻辅助手段的战争思想，在当时前所未有。

白起百战百胜，擅长歼灭战，是战国时期最杰出的将领，是中国历史上战将的一大奇迹。

4. 孙膑

孙膑，公元前 432 年—公元前 380 年，战国时期齐国人。孙膑是孙武后代，著名的军事家、军事理论家。

孙膑曾与庞涓师从鬼谷子学习兵法，熟知《孙子兵法》。后庞涓为魏惠王将军，因妒忌贤能，担心孙膑取代他的位置，便诱孙膑到魏国，并用奸计使孙膑被处以膑刑。孙膑骗过庞涓，在齐国使者的帮助下逃到齐国，被田忌以客待。孙膑为田忌谋事，使得田忌赛马而被齐威王赏识，并命为军师。马陵之战，孙膑身居辎车，计杀庞涓，打败魏军。

孙膑认为，战争一定有规律。在战略战术上贵"势"，即依据一定条件占据主动和优势，突破敌人速战速决的理论。孙膑提出持久战的思想，适应战国时期经济的发展，强调攻城。孙膑认为只有灭军杀将方为全胜，开创歼灭战理论。对野战中车垒的应用、阵法的研究和将领的必备条件都有很深的阐述。

孙膑高深的军事理论、多智、善用计谋主要体现在田忌赛马、围魏救赵。以迫兵减灶的方法诱敌深入，围歼魏军，逼杀庞涓。孙膑著有《孙膑兵法》，被军事界奉为经典。

5. 李牧

李牧，卒于公元前 229 年，战国时期赵国人，受封赵国武安君，战国时期杰出的军事家、统帅，战国四大名将之一，对后世戍边制度有重大影响。

李牧的生涯可以分为两个阶段：前一阶段是在赵国北部，抗击匈奴。李牧常设奇阵用两侧包抄，痛击敌人，大破匈奴十万余骑。接连又灭掉襜褴、攻破东胡、降服林胡，单于落荒而逃，以后十余年不敢接近赵国边城。李牧确保了赵国边境安全，使赵国君臣能无后顾之忧地对付强秦的兼并战争。蔺相如、廉颇、赵奢等在政治与军事上的胜利，亦有李牧的支持。

公元前 233 年，秦军攻赵，赵王任命李牧为大将军，大败秦军于宜安，致使秦军樊於期逃走。公元前 232 年，秦军再次攻赵，李牧率赵军出击，一举击溃秦军。公元前 229 年，秦军大将王翦率军攻赵，杨端和率军攻赵国都城邯郸。赵王派李牧与司马尚率军迎战，一直相持到公元前 228 年。因朝中奸臣谗言，致使李牧被残杀。

李牧是战国末期东方六国最优秀的将领，更是战国时期为数不多的攻守兼备的名将，擅长出奇兵以少胜多。以一人之力，力保赵国不亡，惊世的擎天一柱。

6. 王翦

王翦，战国时期秦国频阳人，受封武安侯，秦国杰出的军事家，是继白起之后秦国的又一名名将。王翦与其子王贲在辅助秦王嬴政统一六国的战争中立有大功，除灭韩外，其余五国均为王翦父子所灭。

公元前 236 年，王翦率兵攻破赵国阏与，拔九城，夺赵国津水流域。公元前 229 年率军攻赵，历时一年，攻破赵国都城，俘虏赵王迁，赵国成为秦国的一个郡。公元前 227 年，秦王嬴政派王翦率军攻打燕国，王翦率秦军在易水西大败燕军主力。燕王逃到辽东，王翦平定燕国，得胜而归。秦王嬴政派王贲攻楚，还击魏。魏王投降，平定魏国。秦王派王翦率军 60 万，大破楚军，平定楚国，俘虏楚王刍，使楚国成为秦国的一个郡。此后，王翦率军向南征战百越，皆取胜，因此被秦王封为武成候。

王翦灭赵国、平燕国、破楚国、征战百越而无一败绩，善变势，为人谨慎，更有政治头脑。王翦三代皆为秦国名将，荡平诸侯，威震天下。

7. 田单

田单，战国时期齐国临淄人，系田氏的疏远族属，复国后任齐国丞相，战国时期杰出的军事家、统帅。

公元前 284 年，燕国将领乐毅攻齐，连克 70 余城，随即集中兵力攻齐国仅存的莒和即墨，齐国危在旦夕。当时齐愍王被杀，齐公子法章在莒被立为齐王，号召齐国军民抗燕。乐毅攻城一年不克，乃命燕军撤至两城九里处设营筑垒，欲攻心取胜，形成相持的局面。

公元前279年，田单见反击时机成熟，便集中千余头牛，角缚利刃，尾扎浸油芦苇，披五彩龙纹外衣。于一个夜间，下令点燃牛尾芦苇，牛负疼狂奔向燕军营地，5000齐军精兵紧随其后。城上的军民擂鼓助威。燕军见角上有刀，身后冒火的怪物直冲而来，惊慌失措。齐国精兵乘势冲杀，燕军开始争相逃命，互相践踏，燕国将军骑劫在混乱中被杀。田单率军乘胜追击，齐国民众也持械助战，很快将燕军逐出国境，尽收失地70余城。随后田单迎齐王法章回临淄，正式继位为王，史称齐襄王，田单受封安平君。

田单计谋过人，爱民如子，以火牛阵大破燕军，谱写了以少胜多、以弱胜强的军事神话。

8. 乐毅

乐毅，战国时期中山国灵寿人，受封昌国君、上将军，战国后期杰出的军事家、统帅。

齐国大肆扩张，穷兵黩武，在军事上灭宋国的胜利，却引起其他诸侯国的不满和戒惧。乐毅针对这一情况，向燕昭王分析了齐燕双方的战略态势，提出变弱为强，进而战胜齐国的战略方针：即争取各国，联合诸侯共同进军——"举天下而图之"。燕昭王采纳了乐毅的战略方针，积极开展"代交"活动，很快达成联合攻齐的共识。齐国陷入了政治上的孤立，更在军事上处于劣势。

公元前284年，乐毅与赵、秦、韩、魏等国如期会师。乐毅以燕军上将军职，佩赵国相印，统帅五国联军向齐国进攻。乐毅深知夺取初战胜利对于主宰战争全局的意义，决定立足于先发制敌，给齐军出其不意的打击。根据这一指导思想，乐毅指挥五国联军发起济西之战，在济西一举击破齐将触子率领的齐军主力。

济西之战胜利后，乐毅鉴于齐军主力已被消灭，难以组织起有效抵抗的实际情况，果断送返秦、韩两国军队。并让魏军攻取宋国故地，让赵军攻占河涧，以避免诸侯继续分享燕国伐齐的胜利果实。其后乐毅率领燕军长驱直入，直捣齐国国都临淄，再次体现了审时度势、应变如神的军事才能。乐毅率军攻克临淄后，兵分五路准备平定整个齐国，在半年时间内，连续攻克齐国 70 余城，致使齐国濒临亡国的边缘。

乐毅经此一战成名，燕军达到预定的战略目的。乐毅精通兵法，善于审时度势，成为一代名将的佼佼者、军事家。

9. 廉颇

廉颇，公元前 327 年—公元前 243 年，战国时期赵国杰出的军事家、统帅，官拜国相，受封平信君。

廉颇在战史上的成名战是与燕国乐乘的鄗代之战。此战廉颇率 20 万赵军大败乐乘率领的 60 万燕军，逼燕国割 15 城给赵，从而成为中国古代战争中以少胜多的著名战例。

相比廉颇的战例，在中国流传的"将相和"，则是廉颇与蔺相如让大家熟知的故事，更是把廉颇的个性刻画得入木三分，也因此家喻户晓。也因为"廉颇老矣，尚能饭否"而成为广为人知的趣事。

廉颇的作战思想攻守兼备，老而弥坚。

10. 赵奢

赵奢，战国时期赵国人，赵国名将，杰出的军事家、统帅，受封国尉。

赵奢作为名将，有着高尚的品格。赵奢不徇私情，"受分之日，不问家事"。其子赵括少学兵法、言兵事，聪明强识，自认为"天下莫能当"。赵奢以此"不谓善"，赵奢对妻子说，"兵，死地也，而括言之。使赵不将括而已。若必将之，破赵者必括也"。赵奢对其子赵括的预言，不幸应验。在后来秦赵战争中，赵括率领的赵军被秦军白起全歼。

赵奢在军中执法如山，奖罚分明，并且用兵如神。赵奢率军与秦国的阏与大战，重挫秦军，使秦国多年不敢对赵国用兵。赵奢的军事思想，在阏与大战中有深刻的体现。从反客为主、居高临下等战略战术来看，赵奢显然吸取并灵活运用了孙武、孙膑的军事思想。公元前 264 年，赵奢与田单论兵法，最后田单折服地说"单不至也"。赵奢执法无私、悉心治军，是兴赵、强赵的名将。

春秋时期重变法，战国时期重兵法。

回看春秋战国的历史，春秋时期始于公元前 770 年，结束于公元前 475 年，历时 295 年。战国时期始于公元前 475 年，结束于公元前 221 年，历时 254 年。春秋战国时期合计 549 年，这两个时期，前因后果的关系，共同开创了中国治理的未来。

第四章　春秋战国是知与行的两个写照

春秋时期历时 295 年。春秋与战国时期，其实都属于历史上周朝的范畴之内。春秋时期源于周天子的德不配位，从而引起社会秩序的混乱，更由此引发诸侯之间的征杀打伐。从本质上看，春秋时期是从贵族到平民巨变的时代，更是开启了中国历史上思想大发展的时期。春秋时期的百家争鸣，更是思想大发展、大解放的结果，因此在各国及世界范围内形成深远的影响。首先以社会秩序变革开始，亦称变法。法家的本质理念是革除旧的社会秩序中的弊端，把新的社会发展因素不断加入进来，以此形成社会新秩序的不断进化与提高。

春秋与战国，犹如知与行。春秋时期的思想解放，就是一个求知的结果，在百花齐放百家争鸣中，使得中国古代文化与思想达到一个全面的顶峰。而战国时期，则是春秋时期的升级版，更是春秋时期思想发展的实践。春秋时期亦可以理解为以法家为主体的百家集成，成了时代的主旋律。确切地说是以下几个方面，形成了春秋时代的特色。

一、春秋时期变法的本质

春秋时期的主要特征就是两个，一个是百家争鸣，一个就是治国图强的变法。这两个特征既相互争鸣，又以实证。百家争鸣不仅是思想的大辩论、大明辩，更是各家的思想与哲学的综合体现。百家争鸣不仅在上层社会影响深远，更对各诸侯国君有极大的震撼，也由此拉开了变法的新章。

1. 世袭贵族的终结

吴起在楚国的变法，第一条即均爵平禄：凡封君的贵族，已传三代的取消爵禄，停止对疏远贵族的按比例供给，并将国内贵族充实到人少地广的边远地区。吴起认为楚国积弱的原因是"大臣太重、封君太众"，楚国的大臣位高权重，严重威胁楚王的权威，而大臣又对下欺凌百姓，导致国贫兵弱。封君太众，则极大地削弱了楚王的统治与税赋。历届楚王封赏，造成了楚国获得封赏的君候过多，严重消耗了楚国的财源，导致楚国臣重君轻，而楚王却心有余而力不足！

吴起实行"封君之子孙，三世而收爵禄，减百吏之禄秩"的政策，废除旧贵族的特权。吴起根据楚国地广人稀的国情，把旧贵族及所属迁到人迹罕至的荒凉地区。这样不仅可以打击旧贵族，更是对楚国边远地区的开垦起到了积极的作用。

英雄所见略同，商鞅在秦国的变法，亦是以废除旧贵族特权为始点的。旧贵族是领主，这些旧贵族、大夫对自己的封地有治权，而秦王不得干预。在法理上，大夫封地的民众百姓只忠于大夫，而不忠于国君。因此，旧贵族、大夫在自己的封地拥兵自重，盘踞封地。这样就形成了架空国君，不仅成为秦国国君的心疾，也是春秋时期各诸侯的心疾，也是心腹大患。

商鞅以军功新贵族替代旧贵族，不论血统论军功。新法颁布后，所有旧贵族都必须从没有军功的宗室做起，按照军功的大小重新确定尊卑贵贱、爵位俸禄。没有军功的，取消名位，降为民户中的地主和富人。

有军功的，爵位最高也不过是封侯。只要有军功，哪怕不是宗室，也能封侯，也就成为新贵族。新贵族对自己的封地无治权，只有财权，只收租赋，不理民事。原先依附于旧贵族的臣民，重新划分，变成直属国君的庶民。

综合吴起与商鞅变法的利弊来看，去贵族化是春秋时期变法的共同点。通过革除有封地治权的旧贵族，来培养有战功却只有封地财权的新贵族，国君对全国的影响进一步加强，同时消除强臣、封众在国君心中的心疾。春秋时期的变法，首先就是革除旧贵族，一击即中。吴起、商鞅是时代发展的助推人，不仅可以顺应时代、顺应民心、顺应国君之心，更是敢于把自己与旧贵族势力形成对立面，置自己的生命安危于不顾，只是为了强国富民。历史的车轮浩浩荡荡，从来没有人可以逆行，旧贵族亦不例外，也由此埋下了改革家们声誉不齐，更多为了国家利益，而情愿献上自己高尚的生命。中国历朝历代的变法者、改革者层出不穷，而能始善终的却少之又少。究其原因，那就是触动了世袭贵族的核心利益，而遭到打击与颠覆的体现而已。

2. 变封建为郡县制

商鞅在秦国的变法，不仅仅是把世袭贵族废除掉，更重要的是取消宗室贵族无条件的世袭特权。贵族不再像过去那样仅凭血统关系，就可以获得高官厚禄和爵位封邑，而是必须建立军功才能获得各种利益。商鞅的改革变法，不仅把秦国对外战争中兼并得来的土地实行郡县制，更由于军功爵位的施行，旧贵族因为没有军功而失去爵位与封地。原本属于旧贵族的封地采邑，被商鞅的新法整合为郡县之一，统一治理。

秦国至此形成新的治理体系。随着分封制度的彻底瓦解，秦国分为四十二郡，郡下分县。郡由秦王派太守任职，时间则三五年到十年八年，但太守任职并无世袭，为任命制。郡县制的建立，是秦国商鞅变法中最成功的，也是诸侯国中改革最为彻底与先进的。郡县不封土而受禄，不传子而任贤。郡县成为中央政府的地方官，有职位，却不是有特权的贵族。从此以后，封建社会彻底消亡了。

郡县制从本质上否决并超越了分封制，打破了西周以来分封割据的现状。国君通过考察与监察加强了对地方的管理，有力地防止地方势力割据，使得中央集权更加政令合一，执行迅速。郡设郡守、郡尉、监御史等职官，分管行政、兵事、监察职责。郡守是郡的最高行政长官，对上承国君之命，对下管理所属各县。县是郡的下级行政机构，县的长官称县令，亦有国家任命。县令主要负责治理民众，管理财政、司法、狱讼和兵役。郡守每年都要对县令的职责进行考核与审查，对县令的工作进行指导。县级行政管理以下有乡、里两级地方基层行政机构。此外，亦有负责地方治安兼公文传送的亭。

商鞅变法而推进的郡县制，一直沿用 2000 余年到现在，仍是国家治理体系中最重要的一环。郡县制的推行，使得中国的国家体制领先于世界同时期的其他各大洲的国家治理水平。郡县制的推行是中国乃至世界史上一个里程碑式的奠基，郡县制开启了中央集权专政社会的起点。社会的发展，从原始社会到奴隶社会、封建社会，每一个社会层级形态的变化都是社会史上一个巨大的进步。郡县制的应运而生，不仅仅在于终结了封建社会的时代，让封建社会走进了社会发展的历史中，更是让郡县制形成的中央集权一直沿用到现今的社会制度中，仍然发挥着特定的历史使命。

郡县制不仅仅是中央集权的具体形式，更是封建社会与中央集权专制社会最为明显的分辨形式。郡县制的诞生，更是把农业社会分离成两个部分：前农业社会与后农业社会。

前农业社会包括原始社会、奴隶社会、封建社会。前农业社会时期，原始社会的农业社会属性并不明显，也算作前农业社会的起源时期。奴隶社会则是在农业种植发展后，第一个开启人与人之间有杀戮、有阶级、有压迫的时代起点。奴隶社会的阶级属性与战争属性，则贯穿人类社会的始终，即使在遥远的未来，人类之间的阶级属性也不会改变。而战争，则是奴隶社会的一个典型特征，那就是用战争来扩大自身的利益，这一点即使在今天，依然发挥着主要的作用。

战争一直推动着人类社会发展的进程，这也是不可置疑的！而始于奴隶社会的人与人之间的战争，使人类历史上有了国家这个范畴。部落通过战争兼并成为一个国家，更让一个国家兼并多个国家成为帝国，这都要通过战争来实现。战争往小了说是人与人之间的争斗，往大了说则是国与国之间的较量。历史中因为个人引发战争的例子多不胜举，而为了国家利益而发动战争的，更是永无休止。回看冷兵器时代，一次战争死亡在几十万以上，就属于大战役，足可以灭国、灭几个国家。到了工业革命所属的热兵器时代，第一次世界大战共伤亡 1880 万人，平民死亡高达 649 万人。第二次世界大战造成伤亡 7000 多万，另有 1.3 亿人受伤。两次世界大战，形成新的国际秩序，也迎来新的发展，更多国家在战后迎来新生。帝国主义的势力范围重新划分，也形成新的发展。战争不会结束，或许只有社会秩序的创新，才能避免战争的几何级死亡人数升级。

封建社会的形成，令阶级更为分层；底层的人民仍然是社会中的主要生产者，却无任何的自由与民主。封建社会是封地、封城制的管理。社会的形式较奴隶社会的改革不大，反而使得国王或者国君的权力松散化，封建社会亦是历史上的一个进步。在人类通讯、通行都不发达的时代，在国家治理理念创新小而措施不多的年代，封建是更为可行的制度。封建社会是前农业社会中的一个，也是一个放权的时代表征，这个分权制，却对后农业社会时代有深远的影响，更是对工业社会的管理起到很好的启迪。

后农业时代则是中央集权制为代表的郡县等级形成的社会。以郡县制为代表的中央集权，从成立伊始至今，仍然存在存活于社会史的发展中。现在的国际社会，很多人归纳为工业社会、信息社会。这是因为自工业革命后，社会生产的方式与生产力大大提高，又因为信息技术与现代交通技术的发展，我们又把地球称为地球村的时代。但究其本质，是工业社会吗？肯定不是。我们的社会一直都在后农业时代！

工业社会的称谓，不够科学。我们不能把工业革命后，我们的生产方式因机器化而叫工业社会。同理，我们也不能因为信息技术的快速发展而成为信息社会。如果是因为这个称谓来命名，是不是就可以在未来五年、十年后，人工智能大盛于世，我们再称之为人工智能社会？或者因为能源的清洁化，而叫清洁能源社会？这样的称谓太多可以取，却是流行一时的几个时代点而已。

后农业时代，涵盖社会秩序的变化与否，国家治理体制的改革幅度有多大，等等，这才是我们去评定一个社会是什么社会的根本。所以，笔者认为，起始于秦朝的郡县制中央集权社会，我们可以称之为继原始社会、奴隶社会、封建社会之后的后农业社会。虽然目前的社会称谓多，政治属性杂，但都不足称之为一个大社会的主体称谓。

3. 行为准则法律化

东周时期盛行一时的以礼治国、以德治国，终究只是君臣、父子之间的礼制。自李悝变法开始，李悝在民事治国的体现就是《法经》的形成与推广施行。《法经》是中国历史上第一步较为完整的法典，也就是法律。《法经》共有六篇：《盗法》《贼法》《捕法》《杂法》《网法》《具法》。

《法经》为维护国家政权、保护产权并贯彻了法家轻罪重罚的法制理论。《法经》是战国时期立法的典型代表和总结，作为李悝变法的重要内容之一，也是这一社会时期的肯定。李悝的《法经》是中国古代社会初具体系的法典，初步确立了社会制度的基本原则和体系，促进了社会的发展和社会秩序的巩固。在《法经》之前，亦有各种刑法问世，因各法只是侧重于一部分，而没有形成体系，所以对社会的影响力相对有限，更因为反对派而引起很多争论。

公元前536年，郑国执政子产"铸刑于鼎，以为国之常法"，第一次正式公布成文法典。

公元前501年，郑国公布由邓析写于竹简上的竹刑。

晋文公时作法被称为庐之法。

晋国时赵盾制定常法。

范宣子制定刑书，并把刑书铸于鼎上，公布为法。

当然，一部刑法的公布，肯定存在争议，因为刑法的制定，针对的人太众，遭到反对亦是正常。例如：郑国子产公布刑书时，遭到叔向为代表的旧贵族的反对。晋国铸刑鼎，遭到孔子的反对。孔子赞成刑不上大夫，礼不下庶人。孔子认为，刑法不能对大夫以上的人施行。这本身就是为自己代表的阶层游说，不希望自己亦在刑法的管辖范围之内，而忘了自己也是一国之民，哪能超脱于法律之上？

战国时期的刑法主要体现在三个方面：第一，不论亲疏，不分贵贱，皆断于法；只要犯法，都要依法论罪。第二，法者，编著之图籍，设于官府，而向百姓公布，使百姓人人皆知法而不得犯。第三，重其轻者。在定罪量刑时，加重轻罪的刑罚。战国时期刑法的形成与公布，也是社会秩序的重新修订形成，相比较奴隶社会是一个巨大的进步。特别是法律面前人人平等的观点，亦是对中外法律的传承起到很大的推动。

法律面前人人平等，可以说是法律的准则，更是法律的精髓，也难怪孔子反对刑法的公布，特别是孔子信奉刑不上大夫，这与社会发展是相违背的，终究挡不住历史向前发展的车轮，而被踩于脚下。

法律面前人人平等，这也是向旧贵族的宣战，也宣示着法律在一个国家的施行中，旧贵族的特权被一扫而空。更为典型的就是商鞅在秦国的变法，亦是以《法经》为刑法的基础，并改为法律，这也就是法律的由来。法是国家制定并实施，而让民众知法守法以形成自律，这就是有法以自律，有法有律，乃法律也。法律的主旨，并不是刑罚的残酷，而在于王子犯法，一视同仁。法律的权威在于，知法而不触，人之初性本善，守法乃成秩序。法律的施行，在于形成新的秩序，以定平安。

《战国策》记载：商君治秦，法令至行，公平无私，罚不讳强大，赏不私近亲，法及太子，黥劓其傅。期年之后，道不拾遗，民不妄取，兵革强大，诸侯畏惧。从此来看，商鞅在秦国的变法，以法尽民知，始自律。法律可以预防犯罪，震慑犯罪，使秦国可以夜不闭户、路不拾遗，让秦国民众绝私斗、勇军功。即使执法遇上太子、太子傅等当朝的权贵，也王子犯法，与庶民同罪。这样的法律，怎能不得民心，得天下本？

二、军事的大争之世

兵家亦是军事家，也由此可知，在这之前的战争基本都是人与人的单兵战争的群演形式。也可以这么说，在春秋战国之前的战争，是以个人的强悍而引领战争胜败走向的，也就是战将的作用。而进入春秋战国后，战争的思想已经多维化发展，单兵、兵器、队形、战术、战略等有了巨大的进步，进而形成军事学。在春秋战国期间，各军事家、名将频出，为中国乃至世界军事史的发展奠定了丰厚的战略思想。

1. 大争之世，军事说话

自东周开始，亦是春秋的开始，社会秩序的崩溃，令各诸侯国之间的征伐越来越频繁。而作为周天子的王，却对各诸侯国之间的战争，没有任何的约束力，更多的时候却是在助纣为虐。当一个诸侯战胜了另一个诸侯时，周天子的特使会去向获胜的诸侯贺喜，并赐胙肉为祝贺，这直接导致了诸侯之间为了上位而频繁发动战争。春秋五霸也是周天子促成的：

齐桓公：公元前 685 年至公元前 643 年。

晋文公：公元前 636 年至公元前 628 年。

秦穆公：公元前 659 年至公元前 621 年。

楚庄王：公元前 613 年至公元前 591 年。

宋襄公：公元前 650 年至公元前 637 年。

周天子的无能在于没有实力强大的军队而对诸侯的约束与牵制，更是因为周幽王的烽火戏诸侯而烟消云散，从此只能眼睁睁看着诸侯争霸而不能制止。由此可见，作为一个国家的王、天子，没有一支听命并忠诚于自己的军队，是多么无奈与悲哀！如果仅仅是这样也还罢了，称霸后的诸侯尤觉得远远不够，并相继进入战国七雄阶段：

公元前 316 年，秦国张仪、司马错率秦军攻灭巴、蜀两个诸侯国。公元前 272 年，秦国灭义渠国。在同一时期，楚国灭掉越国。公元前 296 年，赵国灭掉中山国。公元前 286 年，齐、楚、魏三国联合灭掉宋国，并把宋国领地瓜分。经过春秋时期的争霸之战，周王朝境内的诸侯国数量大为减少，周王室名义上的天下共主已经名存实亡。特别是在三家分晋时期后，赵国、魏国、韩国跻身强国之列，齐国亦有田氏代齐替代姜氏，成为齐国的国君。至此，战国七雄正式形成，七国分别是齐国、楚国、燕国、韩国、赵国、魏国、秦国。

　　战国七雄是靠军事实力打出来的，不是靠嘴说出来的。孔子作为春秋时代的教育家、哲学家，一直秉承以礼治国的理念，游说于各诸侯之间。诸侯各国都对孔子以礼相待，坐而论政，却从不用孔子参政执政，为什么？因为各诸侯国的君王对时政看得很明白，那就是在礼乐崩塌的时代，特别是在大争之世，治国图强的方式就是改革。周天子因为封建，使得各诸侯势力坐大，令周天子名存实亡，甚至不如一个小诸侯国。更是因为周天子两次率军征讨诸侯，反被诸侯国打败！这让周天子更是威严尽失，再也不是周朝初建时的天子威仪的时代了。而孔子却逆时代而动，竭尽全力地去说服各诸侯，以礼治国，在这个时代无疑是痴人说梦了。在战国时代，需要的是变革与军事之争！

　　军事实力，一直是各个国家、各个时代永恒的硬实力！这个硬实力，就是国家之争最基础的保障。战国时期名将频出，军事家代有人出，如孙武、吴起、白起、孙膑、李牧、王翦、田单、乐毅、廉颇、赵奢成为战国时期十大名将，其兵法兵书，成为军事战略的经典。

　　军事家及名将的出现，是古代历史上的一个大进步。战争从原始的争斗到奴隶社会的战争规模化，这也仅仅是人斗的升级，没有质的变化。而军事家的出现，则让战争有了思想、有了战略。此后的战争，也就真的成了战争，那就是歼敌的规模迅速扩大了。虽然血腥增加了，但从另一个方面来讲，为此后的帝国诞生创造了条件。由此来看，战争即是国与国之间的争斗，却也为大争之世的未来，塑就新的国家形态与社会秩序奠定了基础。比如，春秋战国时期的吴起，则更有代表性。

　　吴起，是中国古代卓越的军事家、军事理论家，更是一名改革家。吴起通晓兵家、法家、儒家三家思想，在治国管理、军事变革上都有极高的成就。吴起最早在鲁国做将军，后来到魏国因战功卓著，被魏文侯任命为河西郡守。吴起在河西共计二十三年，进行了系统的改革。楚王任命吴起为令尹，让吴起主持楚国的变法，史称"吴起变法"。吴起推行法治，废除了贵族的世袭制度。吴起整顿武备，四处征伐，一举使楚国成为强国之一。

吴起作为名将，在与诸侯之间，共计大大小小七十六次战争，其中六十四次全胜。吴起所著《吴起兵法》与《孙子兵法》齐名，在中国古代军事典籍中有重要的地位。吴起是一名文武全才的将领，更是一名政治家、改革家，通过变法使魏楚两国国富民强，成为春秋战国时期著名的改革家，更是因变法而闻名于世。

吴起战无败绩，治国有方。吴起是战功卓著的将军，更是优秀的军事理论家，是集杰出的政治家与改革家为一身的春秋战国第一人。也印证了一个趋势，那就是综合国力才是支撑本国军事实力的根本保障。

2. 改革与制度让综合国力强大

以前的言论，都是说关于改革的事情，讨论的都是关于变法的相关情况，更多的是说变法的残暴、变法的恶。历史上的变法善始善终者百无有一，这是因为更多的利益、权贵纠缠其中。一代的变法，利在后代、后世的受益，都是不争的事实。商鞅变法带来强秦一统六国，而主导变法的商鞅被车裂而死。又如，秦一统天下后迅速溃败，整个秦帝国的管理体系和秩序却被汉朝完整地继承了，也成就了汉朝几百年的强大统治。过多地谈变法的恶的影响，都忘记了更多变法的本质。

返回变法前的历史背景。管仲、李悝、吴起、商鞅的先后变法，与当时的历史背景是紧密相关的。春秋战国之时的大争之世，诸侯争相称霸、称王，首先要使国力变强，而诸侯沿用封建的原有制度，国家却已是积重难返的现实。各国之间的不断征战，更是让民众与国力不堪重负，各国实施变法的先后顺序，恰恰与各国各领风骚的顺序相同。而变法的彻底与否，则与各国强盛的时间相符。

管仲在齐国的变法，拉开了新时代的序幕。管仲富民强兵之策，在春秋战国时代初开变法先河。管仲变法的根本在于农业之外的收入变成税赋，特别是在齐国得天独厚的盐税、铁税的征收方面，首创官办，以极快的速度完成了齐国经济的全面发展。管仲在国家治理，特别是在商业秩序、军队管理及税收方面，让齐国的经济、民生、军事强盛了起来，史称"强齐"！管仲的变法功不可没，更是在战国时期成为首位变法的法家。齐国的强盛，却没有在同时期的军事中有大的成就，这或许与管仲的变法与治理有关，更与他的出身有关。公元前685年公子小白继位，史称"齐桓公"。齐桓公听取鲍叔牙的意见，任命在争位之中差点射死自己的仇人管仲为相，并尊称为仲父。管仲也由此拉开了变法的大戏。

管仲推行军政合一的制度，很快使齐国稳定下来，并且有快速发展的迹象。偏偏鲁国的鲁庄公因为齐桓公的无心之过来找碴，齐国派人来鲁国接管仲回国时，曾说要杀管仲，以报前仇，而这时齐桓公却拜管仲为相，这明明就是有阴谋。事情传到齐桓公耳朵里，找管仲商量："孤新嗣位，不欲频受干戈，请先伐鲁如何？"管仲因新政实施不到一年，变法的效果尚未达到，这时候打仗，肯定会前功尽弃。于是管仲劝齐桓公："军政未定，未可动也。"

齐桓公不满管仲的建议。齐桓公任鲍叔牙为将，于公元前684年攻打鲁国的长勺，挑起了著名的长勺之战。鲁庄公任曹刿为将，在长勺一举击败鲍叔牙率领的齐军。齐军兵败后，齐桓公又联系宋国的宋闵公，联军一处，共同进攻鲁国。宋国派猛将南宫长万率军与鲍叔牙的齐军进攻到鲁国的乘丘。鲁庄公在大臣公子偃的辅佐下，率军亲战，一举击溃齐宋联军，并俘虏南宫长万。经过两次征战，齐国兵败两次。可见，齐国的变法尚未成型之时，军队又无名将，仍是不堪一击。

　　变法不是一蹴而就的，变法需要时间，也需要内部与外部一个安定的环境。变法不是一日之功，如果变法是一日之功，估计齐军就可以大胜鲁军了。变法中存在波折，都会令变法的结果不可预测。如是，齐国在管仲变法伊始的两次战争，深远地影响了齐国的军事战略。在管仲变法以后，齐国的军队则彻底地成了保安队，齐军成了齐国商贸的保护神，为齐国的盐铁商贸在春秋战国时期保驾护航，而忘了自己的天职是开疆拓土、护疆安民！

　　齐桓公初掌君位，次年即兴兵攻鲁，这是在国家尚未安定、国内经济初兴、民心未安之时。匆匆的征战之旅，岂有不败之理！与齐国相反，秦国的商鞅变法则明智得多。

　　秦国与魏国之间征战频繁，秦国越战越穷、越战越弱。商鞅变法的最初几年，由于魏国国都新迁大梁，秦魏两国无暇征战，双方没有发生大的战争。公元前358年，秦国变法初见成效后，秦军在西山地区一举击败韩国的军队。公元前355年，秦孝公与魏惠王在杜平会盟，结束了其他国家不与秦国会盟的局面。

　　公元前354年，秦国在魏国举国向赵国进攻时，秦军出兵攻魏，在元里大获全胜，斩首七千多魏军，这是商鞅变法后攻魏的第一次胜利。公元前353年，魏军与齐、赵两军相战时，商鞅率秦军穿过河西，直攻魏国的前国都安邑，一举而下。公元前351年，商鞅率秦军围攻固阳，秦军再次获胜。当魏国与齐、赵罢兵后，秦国因国内变法尚未全部完成，不宜进行长期攻占，遂于公元前350年，秦孝公与魏惠王言和，两国休战。

　　公元前342年，齐、宋联合攻魏。商鞅变法使秦国国强、民富，商鞅向秦孝公提出趁机攻魏。公元前340年，商鞅假意言和，用计将魏军主帅公子印俘虏，乘势一举大败魏军。魏国不敢再战，以河西之地割让给秦国讲和，以求休战。从此，秦国在军事上超越了魏国。更是因为商鞅的变法，特别是商鞅历时二十年的深入改革，使得秦国制度完善，秩序初成。秦国的变法是秦国综合国力迅速增强的一场彻底的大变革，深刻地影响了春秋战国的历史进程。

3. 占领地、占领人、生根

军事战争是促进统一的前提手段，但不是唯一的。军事侵略仅仅是为后续打一个基础，后续对占领地的施政与管理才是决定成败的。

魏国与秦国在河西之地反复的易手之争，其原因就是两国变法的时间顺序不一样，特别是秦国变法的力度又是春秋战国时期最为彻底的，也是持续时间最长的。长期地实施新政，使得秦国农耕富足，民心齐聚，成为一个平权国家。没有世袭贵族的秦国，是战国时期最强大的原动力，也是战国时期给予平民百姓一个巨大的平等的机会。这个机会也可以封官晋爵，成为新贵族！

秦国用军功的新贵族激励从农民到旧贵族奋勇杀敌，以杀敌人首级数量来论军功，以军功的大小来决定授予什么爵位。这样极大地消除了世袭旧贵族的既得利益，却极大限度地提高了普通民众的向上空间。世袭旧贵族占全国人数只是极少的一部分，即使全部剥夺旧贵族的世袭权力，不仅不会对国内有害，反而大大地有利，主要表现在以下两个方面：

（1）旧贵族的世袭权力被剥夺，可以极大地促进和更新官府人员的整体素质与军队指挥员的素质。旧贵族把持着政府的官吏职位，使得有才华、有品德的民间人士得不到施展的机会。旧贵族更是在军队中占有独一无二的地位，有功是旧贵族的，有过则由民众组成的兵卒承担，严重地阻碍了军队士气及战斗力。世袭旧贵族最大的缺点在于，大部分人并不具备真才实学，寡德薄力，严重地阻碍了政府与军队的执行力，更是阻碍了德才兼备人员的发展。

（2）最大限度地解放了民众的生产力、战斗力。相比较少数的旧贵族人口，平民百姓的数量是巨大的。让普通老百姓爆发出积极的生产力、战斗力，这才是敌国胆战心惊而害怕的。平民百姓一直在社会的最底层，做了自己的贡献，却没有相应的地位。商鞅变法使他们迎来了历史性的改变，更使他们成了秦国翻天覆地变化的主要动力。鼓励农耕！这是他们最直接的获得地位提升的方式。只要他们好好地种地，勤劳，他们用粮食缴纳税赋，通过大量的贡献来获得爵位。平民百姓农闲时或参加军队训练，通过刻苦的训练，苦练战斗技能，通过在战场上杀敌，以杀敌的数量来论军功，更可以用军功来获得爵位。这种奖励农耕与军功的办法，结合去世袭贵族，让秦国的军政合一焕发出强大的凝聚力与战斗力。

奖励农耕使得农业社会时期的秦国，可以毫无军粮、物资的后顾之忧，一改秦国农忙时干活、农闲时征战的积习。积习是因为秦国缺少久战之粮，欠缺久战之综合国力。奖励农耕，则一举改变了这个长久以来形成的陋习，使秦国军队可以专心作战，可以心无旁骛。奖励军功使秦国军队的战斗力倍增自商鞅变法后，秦国的军队鲜有败绩。究其原因，就是奖励军功带来的巨大变化。

奖励军功使得军功与爵位挂钩，而爵位则成为人地位的象征、荣誉的象征。爵位授的越多则代表秦国的战绩越大。秦军的战绩越大，则代表秦军攻城略地，占领的地域越大、越多。地既然占领了，就需要占领人，这就需要治理。

郡县制，是秦国的统一治体，这是破除封建之后的最优秀的国家治理体系。秦国对内是郡县制，对于占领敌国土地后，也是推行郡县制管理，而且相当成功。郡县制对于军事占领后的领土而言，更是适合推广，阻力小，效果显著。秦国军队占领后的土地，由秦国派郡守负责行政管理。

公元前 230 年灭韩国，在韩地设颖川郡。

公元前 228 年灭赵，在赵地设邯郸郡、巨鹿郡。

公元前 225 年灭魏，在魏地设砀郡。

公元前 223 年灭楚，在楚地设楚郡，后分为九江郡、长河郡、会稽郡。

公元前 222 年灭燕，在燕地设渔阳郡、北平郡、辽西郡、辽东郡。

公元前 221 年灭齐，在齐地设齐郡、琅琊郡。

在秦国统一六国后，秦朝的疆土成为有史以来最广阔而治理却又最集中的，也为各民族的融合奠定了基础。秦朝又重新划分境内的郡县，在新增南海郡、桂林郡、象郡三郡后，秦朝共计划分三十六郡：河东郡、太原郡、上党郡、三川郡、东郡、颖川郡、南阳郡、南郡、九江郡、泗水郡、巨鹿郡、齐郡、琅琊郡、会稽郡、汉中郡、蜀郡、巴郡、陇西郡、北地郡、上郡、九原郡、云中郡、雁门郡、代郡、上谷郡、渔阳郡、右北平郡、辽西郡、辽东郡、南海郡、桂林郡、象郡、邯郸郡、砀郡、薛郡、长沙郡。

郡由秦始皇派太守任职，任职时间短则三五年，长则八年十年，但太守无世袭，为任命制。郡县制不封土地而受禄，不传子而任贤，太守成为中央政府任命的地方官。太守有职位，却没有特权的新贵族，自此以后，封建社会彻底消亡了。

秦朝设三十六郡治理之后，也标志着秦朝的中央集权正式形成。郡县制的诞生，是秦国从占领地、占领人到社会制度统一的主要推动力。占地，通过战争等军事手段可以达到；但留存的诸多不稳定的因素，那就是哪里有压迫，哪里就有反抗，自古至今不变。占地变成战乱，而形成两败俱伤。占人则棋高一招。把原有国的旧贵族变成无特权的富人，在权利上与百姓平等。而原有国的百姓，则可以通过奖励农耕，获得爵位，这是他们在这之前想都不敢想的，而今却可以实实在在地拿到了这个荣耀。

一统天下的，不仅仅是军事，更是制度！秦国到秦朝，虽然只有一字之别，却是一个新时代的开启，更是一个帝国的诞生。这个帝国的诞生，则是从统一国内的秩序开始的。

第五章　社会秩序不断演进，以适应社会及思想的发展

　　秦始皇一统六国，结束了春秋战国的纷争，对于稳定社会，发展生产力起到极大的促进作用。秦朝的建立，不仅在于结束了周朝的统治，更是在社会制度上有极大的创新。前文也介绍过：第一个革新就是社会制度的升级，从周朝的分封制、奴隶制发展到秦朝的中央集权的封建制。这是从原始社会、奴隶社会发展到封建社会，是社会制度的巨大进步。秦朝的建立，是中国历史上第一个帝国的诞生，更是拉开了中国在中央集权体制下的社会深层变革，影响至今。

　　秦朝之所以称为帝国，与秦国变法伊始实行的郡县制为核心的中央集权是分不开的。做一个比较，就是秦朝与周朝一个明显的对比，基本可以分为五个方面：书同文、车同轨、统一度量衡、统一货币、焚书坑儒。前四个方面，是周朝统治时期远远做不到的，也不可能做到的，这就是封建所带来的弊端。那就是周天子拥有全国土地所有权，却因为分封给诸侯的土地，周天子都失去了土地的治权。没有治权的天子，也就仅仅为名义上的共主——周王，怎么能通过自己的政府去管理呢？周朝的根源在于底层的人奴隶社会，上层的人封建社会，这本身就是一个社

会制度的混合体。而这个混合体的生态，完全依赖于周天子与诸侯之间的相互信任上。周天子或诸侯一旦产生矛盾，则会形成他们之间的战争。

周朝的诸侯因为受分封，有封地的治权、财权与兵权，这也是造成周朝后期社会动乱的主因。在周朝时期，周天子两次攻打自己的下属，也就是诸侯，结果两次都大败而归。周天子的脸都丢了，特别是在诸侯之间争斗与战争时，周天子反而向获胜的一方祝贺，而不是去制止战争，这是什么天下共主？周朝的体制与社会秩序越来越难以适应社会的发展，而被自己的下属——诸侯抛弃了。

秦始皇在统一六国后，用强大的中央集权，很快将整个秦朝融为一个整体。用郡县制替代分封制，用任命郡太守的方式管理全国36个郡。用监督与考核的方式管理36名太守及其下属的县令。这使得秦朝具备了全国行政统一执行的客观条件，也为秦朝的中央集权统治打下了基础，更为全国范围内的标准化开启了序幕。

书同文。

周朝时期，官方文字是金文。但在春秋战国时期，各诸侯国之间的文化差异，也体现在文字上，出现了陶文、帛书、简书等民间文字。由于各国文字不统一，字的形体化比较杂乱，不但字体不同，同一个字所读的音符与形符也有很大的差异。"文字异性"给秦朝的政策和文化交流造成严重的障碍，于是秦始皇责令丞相李斯负责对文字进行整理，制定出新字体作为官方文字。

李斯、赵高、胡毋敬整理文字，以简化秦文"小篆"作为标准字体，用于公文、法令，废除其他字体的各种文字。公元前221年，秦始皇下令"书同文"，在秦朝全国范围内，只用秦朝新字体。李斯、赵高等人又编写了小篆字谱颁行全国，作为标准字的范本供人学习。秦始皇也大力推广新字体，秦始皇出巡所到之处，都以新字体刻字以示天下。后来狱吏程逸根据民间字体，整理出更为简明易行的新书体——隶书，作为日常文字在全国范围内推广。

秦朝文字，上接周朝金文，春秋战国时期已形成自己的风格，形成庄重严谨、规范的小篆及简洁方便、笔画结构直接大方的秦隶书。正是小篆与隶书的形成为后来秦汉字发展奠定了基础，成为汉字史上的里程碑。秦始皇推行书同文标准化制度，将秦文字加以推广和传播，对后世二千年来中国文字的发展产生了重大影响。秦文字作为战国后期、秦朝初期在全国范围内最早统一实行和发展的文字，对汉字的发展起着承上启下的作用。

车同轨。

秦朝建立以前，各国的马车大小不一，车道也是宽窄不同，车轮反复碾压之后形成与车轮宽度相同的两条硬地车道。马车在长途运输的时候，让车轮一直在硬地车道上行驶，行驶更平稳，能够显著减少畜力消耗与车轴磨损，如同现代车辆在公路上行驶一样。秦朝制定车辆同轨的法令，更有利于军队有能力快速到达国内任何一个郡县。更为重要的是，秦朝修建的驰道，是为车同轨统一的重要战略举措。

自公元前220年开始，秦朝陆续修建了以咸阳为中心的三条驰道：一条向东，直通过去的燕齐地区。一条向南，直达吴楚地区。一条直达九原。驰道宽50步，车轨宽6尺，驰道旁每隔三丈栽树一株。拆除壁垒，修建驰道，形成了以咸阳为中心的四通八达的交通网，把全国各地联系在一起。

秦朝驰道的修建使得车同轨的统一更加具备了条件，也可以说，车同轨与秦朝的驰道修建是相辅相成的，也是相互成就的。秦朝统一后，规定车辆两个轮子的距离一律为六尺，使车轮的轮距相同，这就是车同轨。秦朝驰道宽50步，车轨宽6尺。这就是一个政策制度的配套，更是车辆与道路的配套。由此来看，秦朝的政策制定是环环相扣的，不仅注重政策的制定，更注重政策的配套实施。车同轨的率先推广，既为制造车辆的标准化提供了指导，可以规模化地提高制造车辆的生产效率，更为驰道的修建标准提出了统一的标准。车同轨与驰道车轨的距离相等，看似是一件小事情，在秦朝的影响却是巨大的。

秦朝统一中国初期，特别是在原六国设立的郡县，仍然大量使用以前的车辆，而各郡的路宽与车轨各不相同，严重地阻碍了交通的效率与商贸的流通。秦朝由此推动车同轨，至今对现代的交通仍有很强的借鉴性。如工业革命后，各国修建的铁路因为轨距不一样，同样严重地阻碍了国与国之间交通的便利性。

1788年，美国人威廉·杰索把铁板轨改为立放的铁轨，两条铁轨内侧距离4英尺8寸半，即1.435米。而在铁路发展初期，铁路的轨距却有许多规格，各自为准。其中，宽轨可达2.1336米，最窄的只有0.72米。即使到现在，全世界范围内仍有30多种不同轨距的铁路规格。1825年英国的斯托克顿·达灵顿的铁路采用1.435米的轨距。1846年英国国会把这个轨距确定为标准轨距，非经特别批准，禁止在新的铁路建设中采用其他轨距。主持修建中国第一条铁路——唐胥铁路的工程师劳德·威廉·金达，也是采用的1.435米的标准轨距。

新中国成立后，我国的铁路取得高速发展的辉煌业绩，地铁的发展也是日新月异。我国铁路与地铁的轨距都是采用1.435米的标准轨距，这也是国际标准轨距。大于1.435米轨距称之为宽轨，小于1.435米轨距的称之为窄轨。截至目前，全世界采用1.435米轨距的占大多数，所以把 1.435 米轨距定为铁路轨距的国际标准也是顺理成章了。

在国际化、全球一体化的今天，铁路轨距尚无法完全做到世界统一，这里面当然也有国防、利益等几个方面的原因，但没有全部统一轨距却是事实。但在 2200 年前的中国秦朝，秦始皇在全国推行的车同轨，却是世界上一个创举。秦朝规定车轮的轮距为 6 尺，而驰道的车道亦为 6 尺，与今天的铁路轨距有异曲同工之妙。所以说，秦朝的车同轨放在现今社会，仍有借鉴意义。

统一度量衡。

秦朝的统一度量衡应该分为两个阶段：第一个阶段是商鞅变法做的统一度量衡。第二阶段是秦始皇推行的全国统一度量衡。

商鞅变法统一度量衡，是因为秦国各地度量衡不统一。商鞅为了保证国家税赋收入，制造并推行统一标准的度量衡器，如传世的"商鞅量"。从"商鞅量"中得知，商鞅规定的一尺约合现代的 0.32 公尺，1 升约合现代的 0.2 公升。商鞅还统一斗、桶、权、衡、丈等度量衡，要求秦国人必须严格执行，不得违规。

商鞅推行的标准度量衡，为秦国的税赋、民间的交易及商贸等做出重要的贡献。这个贡献在于由国家统一实施，全国一个标准，使得秦国在度量衡方面人人平等、公平。商鞅的统一度量衡只是在秦国国内，却为秦朝在统一六国后在全国统一度量衡打下了基础。

在战国时期，各诸侯国之间的度量衡标准不一，齐、楚、燕、韩、赵、魏等国与秦国之间的度量衡相差较大。秦始皇在平定六国之后，在全国推行度量衡的统一标准化措施。秦始皇推行的统一标准，其主要以商鞅制定的度量衡为标准，在原齐、楚、燕、韩、赵、魏等郡推广，使得秦朝不仅仅是统一了六国，更把秦国的治国之策向原六国地区推行实施。可以说，统一度量衡的措施，极大地提高了原六国地区人民的生产积极性，也大大提高了社会的稳定性。

中华人民共和国成立后，1959 年国务院下达《关于统一我国计量制度的命令》后，新中国的度量衡标准也为中国度量衡方面在国内的统一标准，结束了自民国时代国内各地度量衡多种并行的局面，也为中国国内的度量衡标准与国际标准度量衡标准接轨奠定了基础。例如：将华里改为公里后，1 公里等于 2 华里。1 斤改为 1 市斤，1 市斤改为 500克；1 公斤等于 1000 克，等于 2 市斤。1 尺改为 1 市尺，1 市尺等于0.33 米，也就是 33 厘米等。

统一度量衡有三个优点：第一个优点就是全国统一使用一个标准化的度量衡准则，为人们从事各种交易提供便利条件。第二个优点就是对税赋和俸禄制的统一产生了积极作用。第三个优点就是可以消除割据势力的影响。秦国与秦朝的两次度量衡的实施与推动，为秦国的强盛与秦朝的帝国贡献极大，更为中国从此全国统一度量衡标准成为首次。

统一货币。

秦始皇在统一货币之前，公元前 336 年、秦惠文王二年，已经在秦国推行过一次。当时秦国国内货币不统一，流通货币有其他国家的金币及本国世封贵族的私币。秦惠文王开始推行由秦王室铸造的货币，即"初行钱"，由此拉开了秦国王室专铸钱币制度的确立，为繁荣秦国的经济奠定了基础。

在战国时期，各诸侯国钱币的形状不一，如铲币、环钱、齐国刀币等，却只能在各自的辖土范围内使用。秦始皇统一六国后，废止了战国后期六国的旧钱。在秦半两钱的基础上加以改进，形成圆形方孔的秦半两新钱在全国流通，结束了战国以来钱币形状各异、重量悬殊的混乱状态。秦半两钱外圆内方，背平无纹，篆字"半两"二字列于方孔两侧，钱文凸起。"秦半两"钱币设计外圆内方，刚柔相济，成为秦朝的统一货币。

秦朝推行的货币分两类：第一类为上币，即黄金。第二类为下币，即秦半两铜钱。上币黄金以"镒"为单位，一镒为二十两。下币铜钱以"半两"为单位，并在铜钱上铸明"半两"二字。自秦朝统一货币后，原六国流通的旧币（如珠玉、龟贝、银锡等）不再为货币，旧币成为器饰收藏，走进了历史的博物馆。

秦朝的统一货币，首次确立了由国家统一铸币，严禁私人铸币。将钱币的铸造权从王室到国家这个概念的转换，使国家成为货币的铸造与发行单位。秦朝国家货币制度的确立，是中国历史以来的一次创举，一直被沿用2000多年，至今仍然被沿用。即使朝代更替，秦半两钱币的设计形式，一直被沿用至民国前。由此可见，秦朝的流通货币为中国开创了一个制度、一种币形，更为中国古代经济稳定与繁荣做了历史性的贡献。

焚书坑儒。

秦始皇统一中国后，在推行书同文、车同轨、统一度量衡、统一货币上做的都是利国利民，更是利千秋的大事。可以说秦始皇在前四个统一后，使得秦朝成为一个帝国，也是中国历史上第一个雄才大略，称为皇帝的第一人。但历史上对秦始皇都常常以暴君、苛政出现的。例如，修建长城、修建皇陵，秦始皇在全国征调百万之众去参与修建。对国家利益而言，修长城是一劳永逸、防御匈奴最好的国防措施，不仅仅是在秦朝，在以后的历代战争中，长城都发挥了它固有的战略防御作用。而历史却给我们展示了另一面，那就是无尽地征调民夫，以致民夫在修建长城的过程中死伤难以计数。有的民夫在死后被垒入长城中，也就有了孟姜女哭长城的故事。

中国历史上有两个皇帝被史书写得荒淫无道、杀戮成性、残暴无常。恰恰是这两位皇帝，给中国留下了两块丰碑，并且让后世 2000 多年一直受益，他们就是秦始皇与隋炀帝杨广。秦朝与隋朝都是短命的王朝，但我们不能否认这两位统治者的雄才大略及战略眼光。就以秦始皇与隋炀帝来讲，秦始皇是文韬武略，文是推行中国文、车同轨、统一度量衡、统一货币。武是北击匈奴，统一六国，并修建战略防御性军事设施——长城。

隋炀帝也是谋略深远，根据南方物资丰盛的情况，开始修建大运河。隋朝大运河以洛阳为中心，北至北京，南至杭州，后代通过浙东运河延伸至会稽、宁波。从先秦到南北朝，各代均开凿了大量的运河，分布遍及大半个中国。西达关中、南达广州、北至华北平原，都有人工运河的修建使用。这四通八达的水道运河为隋朝大运河的修建奠定了基础。公元 605 年至公元 610 年，隋炀帝动用百万民夫，修建了隋朝大运河。

隋朝大运河地跨北京、天津、河北、山东、河南、江苏、安徽、浙江八个省市。隋炀帝修建的隋朝大运河分为四段，分别为通济渠、邗沟、永济渠、江南运河。通过隋朝大运河，将整个北起洛阳、南至杭州的大运河连接起来，也为后期的京杭大运河建设奠定了基础。在唐、宋、元、明、清代，大运河依然发挥着不可替代的作用。

隋朝大运河的修建与使用，也是当时社会发展的必然产物。自汉代以后，中原地区历经三国、两晋、南北朝。战争的连绵不断，使得中原地区人口骤降，生产力低下。而南方则相对稳定，成为事实上的鱼米之乡，经济相对富足。针对这一情况，隋炀帝建都洛阳，地处华北平原。

战火初停，经济、民生百废待兴，特别是北方边境战事依然不断。把南方的粮食、物资运到北方，则是一个明智的办法，这也是隋朝大运河的战略构想。

隋朝大运河修建完成以后，即成为隋朝物资流通的大动脉。至唐朝时期，经过修置，大运河通过分段运输法、标准运输法等，成为物资运输乃至国运之运河。清朝时期，大运河的最大运输量，占了全国物流的四分之三！可以说，隋炀帝集一朝之力开创了数朝的坐享其成，这注定是历史的一个见证，也是中国技术与国家实力的一种体现。

隋炀帝有丰功伟绩，自然也有糟点，毕竟隋朝是在隋炀帝手上灭亡的，这也成了很多历史学家的攻击点。历史上的历代君王，各有各的优点，也各有各的缺点。一个治国理天下的皇帝，怎么可能满足所有人的期盼呢？秦始皇亦不例外！而秦始皇最大的糟点就是"焚书坑儒"，这也是历代历史中提及的，特别是儒家，对其仇恨更是大如天。

焚书坑儒的起因，源自公元前213年，也就是秦始皇三十四年，博士齐人淳于越反对秦朝自商鞅变法时即推行的"郡县制"，要求根据古制分封子弟。淳于越的建议，这肯定是开历史的倒车，特别是秦朝通过推行郡县制，形成强大的中央集权，以至于使秦国强大起来，一统六国。而今博士淳于越又提出根据古制重回封建的老路子，肯定是行不通的。丞相李斯对淳于越加以反驳，并主张禁止百姓以古非今、以私学诽谤朝政。

站在国家的立场来看，李斯的主张是完全正确的。即使站在历史发展的角度看，博士淳于越无疑也是错了。郡县制形成的中央集权是秦国统一六国的根基，怎能再回封建？而丞相李斯与淳于越的论政，致使李斯深感秦国一统六国之后，原六国的贵族、士人等思想并没有因为秦国的统一六国而向前发展，而是认为秦朝应该回到周朝的分封体制上去。

淳于越为代表的是一部分士大夫为主体的利益，因为秦国统一六国后，原六国很多旧贵族都被迫迁往咸阳。原六国国都的旧贵族势力逐步被瓦解了，而旧贵族的势力消失的同时，生存则成了他们面临的头等大事。原六国士大夫要生存，那就只有走复辟这一条路。原因有以下三点：

第一是秦国本来的治国理政之人众多，也就是郡县制推行后，体制与官吏已经融为一体，成效显著。而自六国故地而来的士大夫等旧贵族，一时无法融入秦国的体制中，也就是今天说的，他们下岗失业了。坐吃山空，这些旧贵族可是越来越失望，也就更让他们团结起来，形成了他们思想的一致性，那就是回到周朝的封建制、分封上，他们才有出路。

第二是秦朝统一六国后，全国划分为三十六个郡，却不对有功的战将、王侯进行周朝般的分封。淳于越们认为，他们提出古制，对秦始皇的子候和功臣进行分封，会得到他们的拥护。如果秦始皇对功臣进行分封，则会把三十六个郡分封为三十六个诸侯，一如周朝初立之时一样。如果秦始皇分封几十个诸侯，那么这些士大夫们，则可以纷纷上岗了。因为分封后的诸侯，就是一个小天下，而一个小天下，和秦朝一样，需要大量的官吏，这就是淳于越提出分封制的原因。

第三就是通过分封，可以最大限度地分解秦朝的军政实力，使秦朝重回东周的老路子上，周朝成也分封、败也分封。特别是经过春秋战国的洗礼，诸侯坐大、士大夫坐大，都是治国的大患。自商鞅变法伊始，秦王君臣就已然明白这一点，郡县制的目的就是去掉尾大之势，形成中央集权，淳于越也应该明白这个道理。淳于越提出回归古制，另一个原因就只能说，他们盼望通过分封，使秦朝的军政再分权，以此弱化秦朝的实力，逐步蚕食刚刚成立的秦帝国。

秦朝丞相李斯显然明白淳于越的险恶用心，对淳于越的建策进行反驳。李斯身为秦朝的丞相，对于秦朝的国策制定、国情判断及政策实施的执行上，有最大的发言权，所掌控的资讯远非淳于越所能比。李斯本身也是郡县制的受益者，更是秦朝的当权者。李斯在面对以淳于越为代表的在野者与自身代表的执政者论政时，无疑李斯会更有资格谈论。而淳于越则从客观的观察，结合自身立利益诉求来论政，无疑是私心更重。李斯的一心为公与淳于越的一心为私，两者相比较，无疑李斯是胜出的，淳于越辩无可辩，只有迎接失败的命运而已。

李斯不仅仅是为了论政胜过淳于越，更是看到了以淳于越为代表的原六国旧贵族及士大夫们正形成的隐患，而深感忧虑。李斯借机向秦始皇提出：禁止百姓以古非今、以私学诽谤朝政。李斯的出发点是对的，特别是处在社会底层的百姓，他们怎么有能力拿周朝和以往的政策来谈论现在秦朝的政策？而大量的旧贵族、士大夫们都在谈论国政，这是民间不该有的现象，根源在于旧贵族、士大夫们都成为民间流言的制造者。这些前六国的旧贵族、士大夫们通过自己私设学堂，来用一己之思向民间百姓们灌输他们的政见，这种私学严重违背了秦朝的思想发展方向。

李斯以统一秦朝的政治思想为切入点，认为严禁民间舆论的不良导向，更禁止前六国的士大夫们以办私学而去引导社会上的乱议国政。从现实来讲，这些士大夫、民间的人都是在不务正业，都是做与自己毫不相干的，却又与国家稳定发展相违背，甚至是伤害国家执政的事情。是可忍孰不可忍，国家如果任由他们继续胡作非为，那么秦朝上下就进入一个社会的大动荡。社会的民心、政心大动荡，就意味着把刚刚建立起来的秦朝断送。因此，李斯主张禁止百姓以古非今、以私学诽谤朝政的行为及这部分人，以求达到以示正听的目的。

禁止百姓以古非今、以私学诽谤朝政是行政举措，犹如原上草，一岁一枯荣。可以禁止，却没有把这种社会风气的根除掉，只要土壤环境稍有松懈，就如春草般又破土而出。针对这个时弊，秦始皇采纳李斯的建议：下令全国范围内，焚烧《秦记》以外的列国史记。对民间医药、卜筮、种树之书以及不属于博士馆的私藏《诗》《书》等书籍也限期交出焚毁。有敢论《诗》《书》者处死，以古非今者灭族。有想学法令的人要以官吏为师，这即"焚书"的前因，也是焚书的开始。

统一历史文化。秦朝的执政者自然希望历史对他们的历史多美化而少丑化之词，这也是常情。而统一六国后，秦朝的原六国故地，仍有大量的士大夫及旧贵族藏书众多，基本都是原本国的史书记载的史书。各国的史书差距很大，各国的史书都在美化自己、丑化他国，这是一个不争的事实，也是各国的存续史。在各国的列国史记中，基本都以蛮秦或者野蛮来称呼秦国，这也是历史的原因造成的。秦朝以前是周朝最后一个被分封的诸侯，位于周朝的西部，以防卫西部匈奴而拱卫周天子王城。秦国与西戎、匈奴有部分地区存在杂居、混居的情况，这也使得其他诸侯国对秦国颇有微词。进入春秋战国后，东方诸侯国称秦国为蛮秦，也是因为东方诸侯在文化开化方面要领先于秦国。所以，经过春秋战国的社会动荡及征战，原诸侯国的史记对秦国的诽谤与偏见便在史书中屡见不鲜。

秦始皇下令全国范围内焚烧除《秦记》以外的列国史记，在当时的政治背景来看，是完全正确的。秦始皇作为执政者，把本国的《秦记》作为国家及帝国的历史继承，这是必然的现象。而作为前列国的史记，则成了秦国《秦记》的对立派，是有价值，但对于秦朝而言，已经没有实用价值，反而有害了。但列国史记在淳于越为代表的旧贵族、士大夫阶层，却有着特殊的意义。淳于越们引经据典、追求古制的核心就在这些列国史记与前朝史记上面。由此而言，淳于越的主张，不仅没有达到他们的目的，反而让秦始皇把他们的根基连根拔起。焚书的开始，就是统一秦朝文化思想的开始，也是秦朝以用为主、以实为体的开始。通过焚书，把虚浮去掉，留下实用的精华。

　　秦始皇推行的焚书，是针对所谓对执政者有危害的书，仅此而已。历史留给我们的，只是让我们看到秦始皇下令焚烧的书《诗》《书》及列国史记而已。我们看到，秦始皇留下的书，如农书、医书、水经等，这是允许民间收藏的。而大量的书，是经秦始皇允许的，收藏在博士馆中的。而收藏于博士馆中的书，却是历史上鲜有提及的。可以说，诸子百家的书，基本都藏于博士馆，而博士馆，相当于现在的国家图书馆。由国家图书馆藏书，肯定优于民间藏书。民间藏书版本与以史为多，多不正统，而博士馆为国家图书馆，为正统，所藏之书版本正，水平亦高。由此可以看出，秦始皇意在提高国家藏书的公信力，努力降低民间藏书的影响力，达到言论统一，史料宣传口径统一的目的。

　　焚书不是目的，焚书在于消除文化杂音。焚书只是手段，目的在于文化思想的万物归一，归于秦朝主流的思想统一。从春秋战国的百家争鸣，到秦朝的焚书，我们也可以看作是：天下大势，合久必分，分久必合的一个趋势。春秋战国的百家争鸣是分，而秦朝的焚书则是合，这也是历史发展的必然。在分中生众，众中有优有劣，这就是优缺共存。而合之中，存优去劣，存优以用，去劣以正视听，这是国家治国理政之术用。当然，评价历史的人很多，但也仅仅从自身的利益与喜好出发，没有站在历史背景与发展趋势上去评判，更无站在执政者的立场思考，从此而言，焚书是春秋战国时百家争鸣后的合——合于秦、合于优、适于用而已。焚书是中国历史上的转折点，言在于用，而不在于毁。

坑儒的真相。

公元前 212 年，方士卢生、侯生等替秦始皇求仙失败后，私下议论秦始皇的为人、执政及求仙等几个方面，之后携带求仙用的巨资出逃。秦始皇闻讯后大怒："吾前收天下书，不用者尽去之。悉召文学方士甚众，欲以兴太平，方士欲炼以求奇药，徒奸利相告日闻。诸生在咸阳，吾使人廉问，或为妖言以乱黔首。"以上是《史记·秦始皇本纪》中，秦始皇闻侯生、卢生逃跑而说的话。于是使御史办案，下令在咸阳搜查审讯，抓获 460 人并全部活埋。这就是坑儒的经过。但众多史书俱说秦始皇之暴，而无深究其中之事实的真相。在众人皆说秦始皇之暴成为事实时，反而忘了真正的事实。

史书记载犯禁者四百六十余人，皆坑之咸阳，使天下之知，以惩后。大家提及史书看到的死亡的人数是四百六十余人，但四百六十余人中的人的成分或者身份却少有提及，俱以儒生为实来宣传与记载的。这样说为坑儒，显然不是历史的真相。《史记·秦始皇本纪》中，秦始皇言："吾前收天下书不中者尽去之。悉召文学方术士甚众，欲以兴太平，方士欲炼以求奇药。"从这段文字来看，秦始皇真正的焚书目的已然明了，那就是把天下书中华而不实的书都烧掉。烧掉这些书，反而有利于执政，有利于言论的统一性。秦始皇在焚书之后，悉召文学方术士甚众。从这句话里可以看出，秦始皇在焚书之后，召集众多的文学、方术之士人，欲以兴太平。兴太平当然是文学之士的事，而方术之士则是欲以求奇药了。

文学之士，欲以兴太平。这肯定是以儒生为主，以儒家文学士子来弘扬新朝代的万物更新，来推动秦朝文化的复兴、统一的丰功伟绩等。可惜，秦始皇的出发点是好的，而这些文学之士，不仅没有向秦始皇指引的方向发展，却自以为是地倚老卖老，反而以周朝的礼治、仁治来说事。这让秦始皇大怒。这些文学之士，吃国家的俸禄，却总是拿前朝的事及规则出来。他们在秦始皇眼里就成了顽冥不化与迂腐的书呆子，特别是以淳于越为代表要求恢复古制，他们是在用文学造反！在焚书禁令之后，这些文学之士仍然有私藏之书，特别是《诗》《书》，无疑犯了杀头之罪。

召集方术之士，欲以求奇药，则更为赤裸裸的欺骗。中国历史上的历代君王，纷纷以求长生不老、求登仙之道为追求，这也是延续不变的自欺欺人而已。求长生不老，为的是什么？为的是让君王的统治万万年。君王一旦登基，极权带来的欲望满足，都成了最贪恋权力的人。如果可以长生不老，那就是证明了他们在权力的顶尖一直执政，那是多好的事。但是君王都忘了，人的生老病死是一个轮回而已。如果人无老，何来有少？如果没有上一代君王的退位，哪里会有下一代君王？君王一旦对极权产生留念，他们对长生不老就会形成强烈的心理渴求。在这个时期，方术之士则成为君王的长寿希望，秦始皇亦不例外。秦始皇召集众多的方术之士，出以重金，使方术之士用以炼丹，以求长生奇药。

方术之士，这是古代对于炼丹人士的一种统称。方术有别于中医，可以称之为懂部分医术的炼丹人士，也可以称他们的炼丹行为是精馏提取药物的行为。方术之士有他们的行业行规，也就促成了他们对帝王的求生心理有较为全面的把握。秦始皇对此付以厚望，而方术之士拿巨万钱财逃跑，狠狠地打醒了秦始皇。一个统一六国、平定天下的帝王，却被方术之士欺骗，秦始皇恼羞成怒的样子及后果是不言而喻的。秦始皇下令搜捕方术之士，皆为以前召集而来的，欲以求奇药的方术之士，尽数坑杀。

文学之士、方术之士，合计四百六十余人，尽数坑杀于咸阳，这是历史事实。但又分其中的文学之士和方术之士，应该说，方术之士的人数或许占多数，至少会占一半的坑杀人数。从秦始皇的言论中，文学方术之士，就是一个证明，那就是坑杀的人数中，文学与方术之士数量相差不大。而焚书以后，私藏《诗》《书》者以死罪来论，藏书的文学之士才是这次坑杀的文学之士人数。文学之士迂腐，在这次被坑杀事件中，数量并没有后代宣称的那么多，最多也不过与方术之士对等而已，二百三十余人。

历史的车轮滚滚向前。从奴隶社会到封建社会、封建专制社会的进程中，有的社会制度在不断创新并加以推广。而同时，会有很多制度则继承下来，而继承下来的制度中，则有很多带有奴隶社会的劣性。从发掘的奴隶社会大奴隶主的墓葬来看，会有很多的奴隶作为陪葬。即使到了秦国秦穆公时，在死后亦有许多人陪葬，这种陪葬在古代屡见不鲜。又如商鞅变法时，因触犯法令，商鞅一次在渭水河边行刑，杀七百余人示众。如此等等。在秦朝，因文学之士和方术之士而坑杀四百六十余人，也真不是特大的事件；更多的，则是儒家为推动自己的学说，而夸大了焚书坑儒的史实而已。

中国从周朝礼崩到春秋战国社会失去秩序，而引起连续几百年间不间断的战争。秦国变法强国，强于一国之内的社会新秩序，到统一六国，建立强大的秦帝国，都是拜商鞅变法形成的社会新秩序的功劳。秦国在统一六国之后，把原有的社会秩序复制到原六国的故地，再加上统一的书同文、车同轨、统一度量衡、统一货币及焚书坑儒后的历史文化统一，从而形成了秦朝自形至神的大统一。可能会有人说，秦朝这么牛过，不是也很快就亡国了吗？是的，秦朝存续几十年就亡了，刘邦建立起新的王朝——汉朝。但汉朝的发迹与长治久安统治，却是拜秦朝所赐，这是历史的天赐！汉朝在社会秩序及制度上，基本上都沿用了秦朝的体制。在秦朝需要靠流血才达到变革的目的，而在汉朝则是顺理成章地沿用，而很少有争议的。中国历史的发展，虽然在分分合合中不断变化，却也是社会秩序的失衡与不断重建的轮回上演而已。在农业社会中，社会秩序的变化与时代发展同步，一直到工业社会的大潮来时，新的社会秩序在冲突与演进中走向成熟，却还远未到来。

第二部分：工业社会秩序初建

第六章　工业革命带来的社会动荡

发明与创造，特别是物理理论的突破，使得工业革命的历史拉开了序幕。工业革命的到来，不仅仅开启了工业社会的大门，更是把农业社会的基础逐步打了个稀碎。工业革命起源于英国，然后欧洲也得到发展，之后又影响了美国，并形成了工业革命的第一波受惠国，也被称为第一次工业革命的演进史。第一次工业革命的启动，使得原有的农业社会受到巨大的冲击。变革就有流血牺牲，就会有阶级的对立，这一次也不例外。

第一次工业革命亦是社会革命。

第一次工业革命是从蒸汽机作为动力被广泛使用为标志，使机器工厂替代了手工工场，用机器替代手工劳动。从社会关系来讲，工业革命的初始，让依附于落后生产方式的自耕农阶级消失了，让工业资产阶级和工业无产阶级发展壮大了起来。

第一次工业革命、第二次工业革命，都与物理理论的不断创新与发明相互结合，使得工业革命以新的、高效的连续生产力迅速成为社会的主流。也有人会问，农业社会也有很多发明，为什么与工业社会有区别呢？农业社会是有很多发明，并且在工业社会仍然沿用，也在工业社会取得更好的应用。工业革命与农业社会初期的刀耕火种的意义可以相提并论，刀耕火种开启了农业种植，使得城镇有了建立并稳定的可能。而工业革命则是开启了人类利用化石能源使机器连续不断做功而带动劳动生产的新时代。

1785 年，瓦特制成的改良型蒸汽机投入使用，提供了更加便利的动力，得到迅速推广，大大加快了机器的普及和发展，由此进入"蒸汽机时代"。

1807 年，美国人富尔顿制造完成以蒸汽机为动力的汽船试航成功。

1814 年，英国人史蒂芬孙发明了蒸汽机车。

1825 年，史蒂芬孙亲自驾驶一列拖有 34 节小车厢的火车试车成功，从此人类的交通进入蒸汽动力时代。

1840 年前后，英国的大机器生产基本取代了传统的手工工场，工业革命基本完成，英国成为世界上第一个工业国家。19 世纪末，工业革命逐步从英国向西欧大陆和北美传播，再向世界其他地区传播。

19 世纪末到 20 世纪初，法国一些纺织业已经开始使用蒸汽机为动力，其他工业部门也逐步使用。到 19 世纪中期，法国工业革命基本完成。

19 世纪初，美国的工业革命迅速发展，涌现出许多的发明成果：拖拉机、轮船，特别是在采用和推广机器零件的标准化生产方面，大大促进了机器制造业的发展，推动了机器的普及。到 19 世纪中期，美国完成工业革命。

19 世纪早期，德国也开始了工业革命的进程。

19 世纪前后，工业革命在西欧和北美轰轰烈烈进行的同时，向日本、俄国等国家延伸了工业革命的开始。

蒸汽机的改良推动了机器的普及与大工厂的建立，亦推动了交通运输领域的创新。这场技术发展史上的大革命，开创了机器替代手工劳动的时代，不仅仅是一次技术革命，更是一场深刻的社会变革，推动了经济领域、政治领域、思想领域和世界市场等诸多方面的变革。

圈地运动。

工业革命的迅速发展，必然会需要两个基本因素，那就是土地与工人。16世纪、17世纪，英国工场手工业得到发展，城市兴起，圈地运动进一步高涨。特别是1688年以后，英国政府制定大量的立法公开支持圈地，使圈地运动以合法的形式进行，规模庞大。据不完全统计，通过大量的圈地运动，英国有六百多万英亩（1英亩＝4047平方米）土地被圈占。工业革命开始后，城市人口剧增，对农产品的需求越来越多。贵族地主为了生产更多的粮食和肉类供应城市，贵族地主扩大投资，改善土地的生产能力，加速进行圈地，圈地后出现建立大农场的热潮。

18世纪，英国政府通过《公有地围圈法》，出现更大规模用暴力手段把农民使用的公有地强行夺走，然后据为私有土地的圈地运动。仅1831年，农村农民被夺走350多万亩公有土地，农村农民却未得到一分钱的补偿。通过这种私有化，大量农民的土地被剥夺，农民失去了土地的生活保障，被迫成为劳动力市场上的无产者。失去土地的农民只有出卖自身的劳动力生存，成为资产主义生产关系所需的能被雇佣的劳动力。圈地运动的兴起，使得英国的贵族地主、资本家一劳永逸地获得大量的土地与劳动力，为工业革命的发展奠定了基础。直到1845年，英国的土地圈地运动才逐渐结束。

圈地运动为资本主义发展提供了自由劳动力，从而大大促进了英国的工业发展，使英国成为17、18世纪欧洲商业的领头羊，使资本主义经济深入农村，对农业进行了资本主义改造。圈地运动摧毁了小农经济，建立起了资本主义大农业。土地被围圈后，农业资本家办农场或者牧场，雇佣被剥夺了土地的农民进行生产。过去的贵族地主成了新贵族，而农民则成了农业工人，从而使农业得以资本化。

18世纪末到19世纪初，自耕农大量减少，几乎消失。马克思评论道："英国处理各种传统农业关系，要算世界上最革命的国家了。"工业革命前的18世纪60年代，英国的农业人口仍占总人口的80%以上，而到了工业革命后的19世纪中叶，英国的农业人口仅占总人口的25%，以上人口比例的变动，主要源于19世纪英国建立了一大批工业城市。除了城市中迅速发展的第二、第三产业需要大量的劳动力，为农村剩余劳动力提供了广阔的就业机会外，城市对农村剩余劳动力迁移的拉力表现在三个方面：一是城市工资水平比农村高。二是城市救济水平比农村高。三是城市生活环境与公共设施对农民有巨大的吸引力。交通的发展为人员与货物运输提供了快速、便宜的交通工具，也为农村劳动力转移创造了条件。英国工业革命引起生产方式的变革与经济结构的变化，是推动劳动力转移的决定因素。

1846年，英国颁布《贫民迁移法（修正案）》，使得一些贫民不再被遣返原籍。

1865年议会通过《联盟负担法》，扩大了救济贫民的区域范围和贫民的居住地范围，使限制定居地不再可能。这些约束性制度因素消失后，大大促进了劳动力的转移和英国城市化进程。

第二次工业革命，开启了工业社会的大门。

第二次工业革命指19世纪中叶，欧洲、美国和日本的资产阶级革命或改革完成，促进了经济的发展。自然科学研究取得重大进展，由此产生的各种新技术、新发明层出不穷，并被应用于各种工业生产领域。

第二次工业革命的迅速发展，使人类进入电气时代。

1866 年，德国人西门子制造成功发电机。到 70 年代，实际可用的发电机问世，电力开始用于代替机器，成为补充和取代以蒸汽机为动力的新能源。

19 世纪七八十年代，以煤气和以汽油为燃料的内燃机相继诞生。90 年代柴油机研制成功。内燃机的发明，解决了交通工具发动机的问题。

19 世纪 80 年代，德国人卡尔·弗里特里奇·本茨等人成功制造出由内燃机驱动的汽车、远洋轮船、飞机等。内燃机的发明，推动了石油开采业的发展和石油化工业的生产。

19 世纪 70 年代，美国人发明电话。90 年代末，意大利人马可尼实验无线电报取得成功。这些都为迅速传递信息提供了方便，为世界各国的经济、政治和文化联系做出重大贡献。

对比第一次、第二次工业革命我们可以看到，第一次工业革命时期，许多技术发明都来自工匠的实践经验，科学与技术尚未真正结合。第二次工业革命则源于自然科学的新发现，开始同工业生产紧密地结合起来，科学在推动生产力发展方面发挥更为重要的作用，科学与技术的结合使第二次工业革命取得巨大的成功。

第二次工业革命，使得资本主义各国在经济、文化、政治、军事等各方面发展不均衡。控制垄断组织的大资本家为了获得更多的利益，越来越多干预国家的经济、政治，资本主义国家逐渐成为垄断组织利益的代表。垄断组织还跨出国界，形成国际垄断集团，要求从经济上瓜分世界，促使各资本主义国家加紧了对外侵略扩张的步伐。特别是第二次工业革命，解决了交通，使得世界环行变得简单。而电报的发明、电话的使用——现代化的通讯信息传递转瞬即至，让世界成为地球村。

工业革命的先行者不满足于旧秩序，不断地创造新的秩序来满足自己的贪欲。工业革命带来的阵痛，尤其以圈地运动为代表，用巨大的苦难，承载了工业革命的加速前行，但这也仅限于国内。当国内的资源满足不了资本主义贪欲的膨胀之后，战争的脚步也就近了。

工业革命开创了热兵器战争时代。

工业革命不仅在工业生产中，动力创新中形成巨大的社会效益，更是不断创新用于军事中。

15 世纪西班牙人研制出火绳枪。

1525 年，意大利人芬奇发明了燧发枪，将火石点火改为燧石点火，逐步克服气候的影响，简化射击程序，提高射击精度，可以随时开枪。

1860 年，美国人发明了连珠枪，依靠弹仓存储枪弹，用于扳动枪机，即可重新推弹入膛，能够连续射击若干次，射击速度比手动单发步枪快得多。

1883 年，德国人马克沁研制成功第一支自动步枪，进一步发展和完善了他的枪管短后座自动射击原理。马克沁同时发明了帆布子弹带，长 6.4 米，容弹 333 发。

1884 年，马克沁制造出世界上第一支自动连续射击的机枪，射速达每分钟 600 发子弹以上。

枪支的发明与改进，从使用环境的全天候到自动步枪、机枪的进化，不仅仅是射击精度的提高，更是大大提高了射击的速度，而这也意味着战争的杀人速度骤然成倍地加速了。如果这一切还是有限可控的，那么诺贝尔发明的炸药与喷射炮弹火药的使用直接将战争推向了地狱的恐怖时期。

诺贝尔的全名是阿尔弗雷德·贝恩哈德·诺贝尔，出生于瑞典斯德哥尔摩。诺贝尔是化学家、工程师、发明家，更作为诺贝尔奖的出资人，以安慰他作为炸药发明人看到杀戮而忏悔的表达。

1860 年，诺贝尔从事硝化甘油炸药的研究。

1863 年，发明硝化甘油炸药用雷管，同年 10 月获得硝化甘油炸药专利。

1864 年 10 月，成立硝化甘油炸药公司。

1866 年，制造出固体安全烈性炸药"达那马特"。

1867 年 5 月，获得英国炸药专利，新的诺贝尔雷管发明成功。

1878 年，完成发明可塑炸药。

1887 年，取得喷射炮弹火药专利。

诺贝尔一生有各类及人造丝等近 400 项发明，获得 85 项专利。诺贝尔的发明，特别是炸药的不断发明创新，主要用于军事战争。也可以这样说，诺贝尔的炸药直接加大了战争的人员伤亡，更是第一次世界大战和第二次世界大战的间接制造者！如果没有炸药、没有喷射炮弹火药的发明，第一次世界大战、第二次世界大战就不会有这么大的战争规模，也不会造成第一次世界大战 15 亿人口卷入战争，伤亡人员达 3000 万人！而第二次世界大战则有 5500 万至 6000 万人死亡，1.3 亿人受伤，大部分是平民！

工业革命的先行国家占据了先发的优势，特别是在资本主义的控制下，逐步开启了新的社会秩序——工业社会的初步秩序——全新的资本主义思想、全新的科技创新、全新的社会秩序。对比而言，还在农业社会的农业社会秩序、农耕文化及迂腐的清朝，马上就成为资本帝国主义的试刀石。

鸦片战争的本质是先行者对落后的侵略和掠夺。

工业革命后的英国，借助蒸汽机为动力的机械制造规模更大，成本更低。英国大量的工业制成品不仅要满足英国国内的需求，因为产量大大超出了本国甚至欧洲的需求量，这时英国制造需要向全世界推销。作为农业社会最后一个帝国——中国清朝政府，则对工业革命视而不见，更与历史发展的车轮背道而驰，依然做一个平安国。清朝总人口4.6亿，是世界上人口最多的国家，而且清朝作为农业社会最庞大的农业国，自给自足导致裹足不前。

英国国土面积小，工业革命使人口城市化率越来越高，也导致英国的产品种类有所欠缺。英国每年都从中国进口茶叶、瓷器、丝绸等大宗日用品，而中国则无须从英国进口任何商品。由此贸易逆差越来越大，到鸦片战争爆发前的1839年，英国用于购买中国商品的白银达到310万两。据相关统计，自1752年到1800年，英国累计有1.05亿银元（大约2625万英镑）因贸易逆差流入中国。英国成为白银的主要流出国，而对中国的贸易，更像是从中国的单方面采购，这是英国越来越难以忍受的贸易之痛。

英国人很快就找到一个切入点，那就是中药的一味药——鸦片！在中国的中药中，因为具有止痛、止泻、安神等诸多功效，但是具有吸食上瘾的副作用，一直被限制使用。而鸦片则成为英国平衡贸易额，减少英国白银流失的主要支点。

18世纪后期，英国占领孟加拉之后，迅速在孟加拉建立起鸦片制造垄断制度，并强迫当地印度农民签订种植罂粟的合同。到了收获的季节，鸦片汁液在英国开办的工厂里加工成产品，装入芒果木箱子里，然后加上高额的利润卖给中国，从此使得鸦片贸易对英国越发重要。在中国华南地区，英国人用鸦片换成白银，又用白银换成茶叶等大宗日用品。在中英贸易中，鸦片贸易扭转了英国在中国的贸易逆差，为英国人的茶叶嗜好提供了资金。相应地，茶叶交易的税收又为皇家海军提供了很多费用。特别是 1860 年后，向中国出售鸦片的收入，实际上负担了英国统治印度时期的大部分费用，并为英国在印度洋沿岸的贸易提供了大量的白银。在这一时期，从 1808 年到 1856 年间，中国购买鸦片高达3.84 亿银元，贸易的天平显然由于繁荣的鸦片输入而倾斜了。

1800 年到 1818 年，鸦片每年平均输入中国稳定在 4000 箱左右，每箱 140 磅（1 磅 = 0.454 千克）。到了 1831 年达到 2 万箱！1833 年后，自由贸易院外游说团终止了东印度公司茶叶贸易的垄断权。渴望茶叶和利润的私人商业者大量涌入市场，以前所未有的数量激增，鸦片成了最重要的交易品。到了 30 年代末，鸦片的销量再次翻了一倍以上。

鸦片贸易的利润大部分都进了政府的口袋，英国在亚洲的代理人控制着孟加拉的鸦片制造。东印度公司并没有公开弄脏自己的手，去把鸦片运往中国。东印度公司只是委托、安排印度数以千万英亩（1 英亩 = 4047 平方米）的罂粟种植，监管鸦片的制造过程，最后监督着把鸦片打上包装，放进芒果木制成的箱子，运往加尔各答拍卖。从这一刻起，东印度公司就洗手了，剩下的事情任由鸦片走私贩子把鸦片运到中国海岸。停泊在珠江口的伶仃岛，在伶仃岛等待中国批发商先用银子从广州的鸦片商那里购买许可证，再到伶仃岛这里换成鸦片。而交易的白银，则用来购买英国市场需要的茶叶与生丝。

清朝政府不仅对白银的流失忧心忡忡，更是对快速发展的吸食鸦片风气带来的社会腐化堕落感到焦急。由道光皇帝任命林则徐前往广州，主持禁烟运动，史称"虎门销烟"。

1839 年 6 月 3 日，林则徐下令在虎门海滩当众销毁鸦片，至 6 月25 日结束，共历时 23 天，销毁鸦片 19187 箱和 2119 袋，总重量2376254 斤（1 斤 = 0.5 千克）。虎门销烟成为打击毒品的历史事件，虎门销烟开始的 6 月 3 日，成为民间的禁烟节，而销烟结束的 6 月 25 日，成为国际禁毒日。

虎门销烟成为第一次鸦片战争的导火索，工业革命的先行者不满足于原有的社会秩序，不断破坏秩序来满足自己的私欲。在本国的圈地运动结束后，英国的目标逐渐向其他国家转移，侵略战争随即开始了，毫无羞耻可言。马克思在一百多年前就非常深刻地揭露道："资本主义的每一个铜板上都充满了无产阶级的血和泪，资产阶级的每一个铜板都充满罪恶。"这里是指资产阶级对国内尚且如此，对待国外则更是变本加厉。

1839 年 9 月 4 日下午 4 时 45 分，英国军舰向清朝的战船打响了鸦片战争的第一炮。1840 年，英国政府以林则徐在虎门销烟的事件为借口，决定派出远征军侵华。1840 年 6 月，英军军舰 47 艘、陆军 4000 人在海军少将乔治·懿律、驻华商务监督义律的率领下，陆续抵达广州珠江口外，封锁海口，鸦片战争开始。

英国舰队凭借船坚炮利的优势，分别攻克虎门炮台、永宁炮台、永康炮台、镇海楼等。1841 年 5 月 27 日，英军即将对广州城发动炮击并准备占领广州城时，清朝政府的钦差大臣与英国义律达成停战协议。义律要求中国赔偿 600 万元赎金，战事也因此而暂停。

1841 年 5 月 29 日，战场的暂时休整，却让英国士兵放纵起来。一些英国士兵开始充分享受意料之外的休假，但这个短暂的休假，却开启了英军奸淫辱掠的本性。英军在离广州城墙不远的村子里竟然挖掘坟墓与拆毁寺庙，到棺材里面去寻找金银及古瓷器，并在三元里抢掠财物及强暴妇女！英军的暴行激起了三元里人民的反抗，打死数名英军士兵。随后三元里附近 103 个乡的群众包围了四方炮台，并诱敌至三元里牛栏岗。当时恰逢天降大雨，英军的枪炮在大雨中无法开放，而手持刀矛、锄头的群众乘势猛攻，人越来越多。在英军的增援部队到达后，才解救了被围困的英军。

三元里抗英斗争是中国近代史上中国人民第一次自发的大规模抗抵外国侵略者的斗争，却更突显出清朝政府的迂腐无能。在鸦片战争爆发前，清朝只视英军为蛮夷，不认为英军有威胁。1840年7月英军攻占定海，作为其前进据点。8月，英军以惊人的速度攻城略地，舰队到达天津大沽口外，令清朝上下惊作一团。1840年8月20日，道光皇帝批达英国书，允许通商和惩办林则徐，以此使英国舰队撤至广州。

1841年1月7日，英军攻占虎门的大角、沙角炮台，清军死伤700余人，帅船、拖船被击沉11艘。钦差大臣琦善被迫让步，于1月25日与英国义律签订了《穿鼻条约》，条约的第一条就是将香港岛割让与英国。道光皇帝对英国宣战，派大臣奕山为靖逆将军。

2月23日，英军攻克虎门炮台。

2月26日，英军攻破虎门横档一线各炮台和大虎山炮台，溯珠江直通广州，广东水师提督关天培力战殉国。

5月24日，英军对广州发动进攻，并炮击广州城。广州城内秩序大乱，奕山等竖起白旗求和，接受英方条件，签订《广州和约》。

英国政府改派璞鼎查为全权代表来华，率领舰船37艘、陆军2500人离香港北上。

1841年8月21日攻破福建厦门。

10月1日攻陷定海。

10月10日攻陷镇海。

10月13日占领宁波。

1842年5月，英军放弃宁波，集中兵力北上，于5月18日攻陷浙江平湖乍浦镇。

1842年6月16日发起吴淞之战，江南提督陈化成战死。英军不理会清朝政府的乞和照会，以舰船 73 艘、陆军 1.2 万人，溯长江上犯，准备切断清朝内陆的交通大动脉——京杭大运河。

1842 年 7 月 21 日，英国陆军 6900 人开始进攻镇江，在付出伤亡 169 人的代价后，占领镇江。

8 月 4 日，英军舰队进逼南京下关江面，扬言进攻南京。在英军船坚炮利的威慑下，清朝与英军议和。

1842 年 8 月 9 日，清臣耆英与英国璞鼎查签订不平等的中英《南京条约》。

1843 年英国政府又强迫清政府签订了《五口通商章程》和《五口通商附粘善后条款》作为《南京条约》的附约。列强不欲英国坐大，借英国之势，纷纷与清朝签订诸多不平等条约。

1843 年 10 月 8 日，中英签订《虎门条约》。

1844 年 7 月 3 日，中美签订《中美望厦条约》。

1844 年 10 月 24 日，中法签订《黄埔条约》。

从 1845 年起，比利时、瑞典等国家也强迫清朝政府签订类似条约，中国的主权遭到进一步破坏。

鸦片战争的失败和一系列不平等条约的签订，使中国的社会秩序遭到严重破坏，更严重地损坏了中国的主权。鸦片战争是英国以鸦片贸易作为入侵中国的第一步，在鸦片贸易为走私和获利受损的情况下，动用军队对中国进行了赤裸裸的侵略，为英国谋求更多的无本利益。英国对中国的不平等条约的签订，犹如潘多拉魔盒，让美、法、比、瑞等国蜂拥而至，参加瓜分中国利益的狂欢中。

参战双方兵力：清朝军队 91680—200000 人，英国军队 19000 人。

伤人数：清朝军队伤亡 22990 人；英国军队伤 523 人，死亡 69 人。

中英的鸦片战争，不仅仅在伤亡人数上表现出巨大的差异，更是清政府的昏庸无能。鸦片战争的开始，也把身躯臃肿的清朝带进了半封建、半殖民的时代，更加重了百姓的痛苦。鸦片战争没有把清朝政府打醒，却让一部分中国的知识分子抛弃了陈腐的观念，瞩目世界，探索求知，寻求强国御敌之道。由此萌发了向西方学习的新思潮，对封建思想起到了一定的冲击作用。

随着社会性质的变化，由封建社会走向半封建、半殖民社会，中国社会的主要矛盾也由地主阶级与农民阶级的矛盾，转变成外国资产阶级与中华民族的矛盾、封建主义与人民大众的矛盾。中国人民亦从反封建变为既反封建又反侵略。中国从封建社会步入半封建、半殖民社会，是中国近代史的开端，也是中国旧民主主义革命的开端。在国外先进文化传入中国的同时，自然科学冲洗掉国人的封建迷信和愚昧无知。民主自由平等的思想也在中国国内悄然传播，为后来的戊戌变法、辛亥革命打下思想的基础。

鸦片战争是欧美列强挟工业革命的先行优势，对世界范围内落后国家侵略的一个样板。欧美列强通过对中国清朝的战争试探到军事战争升级，在得到巨额的、不劳而获的长久利益之后，心满意足地停下手来，又把战争引向了别处，更是在其后争夺资源与霸权中开启第一次世界大战的序幕。

第一次世界大战。

1914 年 6 月 28 日，弗兰兹·费迪南大公及其妻子在新近侵占的波斯尼亚省府访问时，波斯尼亚的一个塞尔维亚青年普林西普，掏出左轮手枪，一枪射向弗兰兹·费迪南，第二枪射中大公的夫人。医生还未来得及抢救，大公及其妻子就已死去。

1914 年 7 月 23 日，奥地利向塞尔维亚提出了包含几个条件苛刻的最后通牒。塞尔维亚于7月25日的答复几乎接受了所有的条件，但拒绝了奥地利官员在塞尔维亚领土上参与调查刺杀事件的要求。奥地利立刻断绝了同塞尔维亚的关系，并于7月28日向塞尔维亚宣战。

俄国为了报复，于7月30日开始全国动员。德国政府向俄国政府发出期限为12小时的最后通牒，要求俄国停止动员。德国在没有得到俄国的答复后，于8月1日向俄国宣战，并于8月3日向俄国的同盟国法国宣战。欧洲各强国在萨拉热窝刺杀事件过去才5个星期，便开始了相互的宣战与军事进攻。

西线战事成为绞肉机。

传统的进攻方式是大批步兵在炮火的掩护下发起冲锋，但是在深壕沟、铁丝网、遍布地雷的阵地与机枪掩体相结合的防御面前却收效甚微。战争进行了4个月，西线战争中伤亡人数为德国70万人、法国85万人、英国9万人。西线战争变成了阵地战与消耗战，这与各国总参谋部的计划截然相反。

1915年5月1日，德奥联军发动进攻，战绩卓著。到夏季来时已经向前推进了200英里（1英里＝1.6千米）。德奥联军造成俄国军事上伤亡250万人外，俄国失去了15%的领土，损失了10%的铁路，失去了30%的工业，丧失了20%的平民人口。

随着战争进程的加快，土耳其于1914年11月2日加入同盟国，意大利加入协约国，战争波及的国家越来越多，也导致1916年的两大战役成了绞肉机。在1916年，同盟国在军事上的好运达到顶点。同盟国控制了从汉堡到波斯湾的欧洲大陆，但它们仍不能把一个和平解决方案强加于协约国。为了加速和平解决方案的进程，1916年2月，德国发动了对法国要塞凡尔登的全面进攻。英国则发动了向索姆河西北地区的强势反攻。事实再一次证明防守的一方更具战争优势，这两次战役使得德国死伤约85万人，英法两国伤亡约95万人，而战争双方向前推进不超过7英里（1英里=1.6千米）。

俄国在东线开展了一次成功的攻势，促使罗马尼亚于1916年8月27日加入协约国参战。同盟国决定教训罗马尼亚，也是为了警告中立国，德国、奥地利、保加利亚、土耳其迅速进军罗马尼亚，一举占领罗马尼亚的首都及三分之二的领土。罗马尼亚卷入战争后，促使希腊加入协约国，也为1918年进攻马其顿，迫使保加利亚退出战争铺平了道路。

战争进入1917年，德国加强了陆上的防御战略。为了巩固加强各条战线，德国军队撤回到一个新的设防阵地，这个阵地防线更直、更短，修筑有更多的防御工事。德国军队的撤退，打乱了协约国军队的计划。法国、英国、加拿大军队仍按照预定的计划向德军发动攻击，却遭到了自大战以来最惨重的一次失败。防御战略对德军非常有效，德军的防御使协约国造成了40万人的伤亡，而德军仅伤亡25万人。

第一次世界大战进入第四年，各国尽管做出了各种牺牲，遭受了各种灾难，却依然看不到战争结束的尽头。厌战和失败主义情绪不仅在战壕中出现，亦在交战各国的百姓中出现。1917年7月19日，德国国会以212票对126票通过了《和平决议》。在奥匈帝国，1917年11月21日，年轻的皇帝查理也开始了秘密议和。英国前外交大臣兰斯多思侯爵写了一封公开信，预言如不采取某种方式结束冲突，西方文明将崩溃。

势均力敌的交战双方，是不可能走向和平的。只有其中一方取得全面的强势，并有决定战争胜负的能力时，另一方才会去寻求和平，以求自己得到保全，第一次世界大战亦不例外。而恰恰是在1917年发生的布尔什维克革命与美国的参战，迅速使第一次世界大战的走向明朗了起来。

1917年11月7日，列宁率领布尔什维克的军队几乎没有遇到任何抵抗就占领了彼得格勒的重要地点——火车站、桥梁、银行及政府大厦。布尔什维克轻易取得胜利，也并不意味着他们得到了所有的俄国人民，至少说大部分人的支持。11月25日选举产生的立宪会议的组织成分就证明了这一点：社会革命党人占370个席位，布尔什维克占175个席位，左派革命党人占40个席位，立宪民主党占17个席位，孟什维占16个席位，各民族团体占86个席位。立宪会议于1918年1月18日在彼得格勒召开，在举行第一次会议之后，布尔什维克用军队把立宪会议驱散，并成立布尔什维克政府。

新的布尔什维克政府采取的首批措施中的一个措施就是履行和平诺言。1918年3月3日，同德国签署《布列斯特—立陶夫斯克和约》，该和约严厉的条款要求俄国交出波兰、波罗的海沿岸诸省、芬兰、乌克兰和高加索地区。交出的地区包括6200万人口和125万平方英里的领土，更关键的是，这些地区包括了俄国四分之三的铁和煤，更包括了俄国一半的工业和三分之一的产粮区。即使这样，俄国也签署，并退出战争，因为新的布尔什维克统治者要着手创立苏维埃社会主义共和国联盟，开创新的社会制度与秩序。

美国的参战，使得战争全球化，同时加快了战争结束的进程。第一次世界大战开始时，美国总统威尔逊号召美国人严守中立，得到美国上下一致赞同。1916年6月3日，美国的备战运动通过《国防法》，备战运动期间的军事宣传也让全民参战有了心理准备。1917年，美国总统威尔逊也正将国家引向战争。还有美国的金融家、工业家，他们一直以赊账的方式向英国与法国提供军用物资，如果他们的客户战败了，他们也将破产。德国无限制的潜艇战加速了美国参战的步伐，这些因素结合起来，促使威尔逊总统于1917年4月对德国宣战。

美国的参战，使协约国不仅在军需品方面，而且在兵源方面占有决定性的优势。在 1918 年 3 月份，共计有 84889 名美国军人到达西线战场。6 月底这个数字上升到 306350 人，协约国的指挥官每个月都可以得到一支生力军。因为美国的宣战，成为压垮同盟国的最后一根稻草。1918 年，同盟国开始一个接一个地投降了。至此，第一次世界大战宣告结束。这场战争历时 4 年零 3 个月，涉及 30 个主权国家，推翻了 4 个帝国，产生了 7 个新的国家。死亡人数为战斗人员 850 万人、平民约 1000 万人，受伤的达几千万人。第一次世界大战造成直接损失 1805 亿美元，间接损失达 1516 亿美元。

战争结束后，协约国与同盟国签订的和约有：

1919 年 6 月 28 日对德国的《凡尔赛和约》。

1919 年 9 月 10 日对奥地利的《圣日耳曼条约》。

1919 年 11 月 27 日对保加利亚的《纳伊条约》。

1920 年 3 月 22 日对匈牙利的《特里亚农条约》。

1920 年 8 月 20 日对土耳其的《色弗尔条约》。

通过签订和约，全面和平解决了战争的阴影。

战后经济的兴衰与一战协议引爆二战。

第一次世界大战结束后，各国迅速向经济发展投入巨大的精力与资源，使国家尽快从战乱后的满目疮痍中恢复过来，并在短短几年取得辉煌的成就。到 1929 年初，美国似乎日益繁荣，工业生产指数从 1921 年的 67，升到 1928 年 7 月份的 110。到了 1929 年 6 月份，工业生产指数上升到 126。这波经济增长，更多地反映到股市中：仅仅在 1929 年夏季的三个月中，威斯丁豪斯公司的股票从 151 上升到 286，通用电气公司的股票从 286 上升到 391，美国钢铁公司的股票从 165 上升到 258。1929 年 9 月，美国财政部长安德鲁·W·梅隆向公众保证："现在没有担心的理由，这一繁荣将持续下去。"

恰恰相反，到 1929 年秋天，股票市场的价格到了最低点，世界范围内的经济衰退随之而来，而且经济衰退的速度和延续的时间都是空前的。经济衰退的原因看似是严重的国际经济不平衡，责任是美国大规模地成为债权国引发的。英国在第一次世界大战前已经是债权国，但英国将来自海外投资和借款的收入用来支付长期的入超。相反，美国则通常是贸易顺差，特别是美国因政治原因致使关税保持在高水平，这导致贸易顺差不断加大。更由于 20 世纪 20 年代后，因不少国家支付战争的债务，资金源源不断地流入美国，使美国的黄金储备从 19.24 亿美元增加到 44.99 亿美元，占当时世界黄金总储备的一半。

美国经济的不平衡与国际经济的不平衡一样严重，原因在于工资落后于不断上升的生产率。从 1920 年到 1929 年，美国工人平均工资每小时只上升了 2%，而工厂中生产率却猛增 55%。同时，农民的实际收入由于农产品价格的不断下跌，租税与生活费用都日益上升，一升一降之间，农民的购买力大为减少。1910 年时，每个农场工人的收入为非农场工人收入的 40%；到 1930 年时，农场工人的收入则降为每个非农场工人的 30%，而美国农村人口占美国总人口的五分之一。

美国银行业的弱点是导致 1929 年股市崩盘的最后一个因素。当时有许多独立的银行在经营，部分银行缺乏足够的财力来战胜金融风暴。致使一家银行倒闭的时候，恐慌传播后，储户马上去其他银行提取存款，从而引发了一个破坏整个金融结构的连锁反应。美国金融公司不得不收回他们在国外的短期贷款，这更加剧了间接的负面影响。1931 年 9 月，英国放弃了金本位制。两年后，美国和几乎所有的大国都放弃了金本位制。

工业指数下降到 1930 年的 86.5，1931 年工业指数下降为 74.8。到

1932 年，工业指数更是降到了 63.8。

国际贸易的衰退更为加剧。1929 年国际贸易总值 686 亿美元，1930 年国际贸易总值 556 亿美元，1931 年国际贸易总值 397 亿美元，1932 年国际贸易总值 269 亿美元，1933 年国际贸易总值 242 亿美元。

1933 年 3 月，美国的失业人数保守估计为 1400 多万人，相当于全美国劳动力的四分之一。英国的失业人数近 300 万人，在全部劳动力中所占的比例与美国大致相同。而德国的情况更糟，工会成员中有五分之三以上的人失业，另有五分之一的人只有非全日制的工作。

与欧美相反，苏联成功崛起。

注重实际的列宁认识到，社会中存在的问题不是一步可以解决掉的，需要做部分让步。1921 年采取了"新经济政策"，这一政策允许部分地恢复资本主义。农民们被允许在公开市场上出售他们的农产品，私人可以经营小商店和小工厂，农民和商人都能够雇佣劳力，并能保留他们在经营中获得的利润。不过，列宁设法使国家控制了土地所有权、控制了经济制高点，如银行业、对外贸易、重工业和运输业。对列宁来说，新经济政策并不意味着社会主义在苏联结束，而是暂时的退却，后退一步是为了前进两步。

新经济政策成功地应付了数年战争后留下的直接危机。到 1926 年时，工农业产值达到 1914 年前的水平，虽然总人口比 1914 年增加了 800 万人。布尔什维克领导人面临的基本问题是如何实现他们所计划的"前进两步。"在 1925 年，列宁逝世后，尼古拉·布哈林是新经济最杰出的倡导者。布哈林个性随和、热情，对体育、科学、艺术及政治都感兴趣。他相信新经济政策的市场关系能"发展为社会主义"，布哈林支持这一路线，因为新经济不需要强制，而且注重他所钟爱的原则："我们的经济是为消费者存在的，而不是消费者为经济存在。"

布哈林是列宁喜欢和受欢迎的布尔什维克领导人，但他的观点并没有占上风，他不是"官僚结构的建造大师"斯大林的对手。斯大林清楚地看到，共产党是这个国家唯一的真正力量，他利用党的总书记的身份使自己成为党和国家的主人。在经过相当大的动摇之后，斯大林决定放弃新经济政策，支持工业和农业都由莫斯科控制和管理的中央集权经济。这不仅意味着政府对工厂的继续经营管理——像战时共产党时期一样，而且意味着政府通过农民土地集体化对农业的控制。

1928 年，斯大林开始推行由国家计划委员会制定的一系列五年计划中的第一个五年计划。在农业方面，五年计划要求土地集体化。很多农民反对集体农庄，特别是富农反对集体农庄，因为富农必须以与几乎一无所有的贫农相同的条件加入农庄。

到 1938 年时，几乎所有农民的土地都被整合到 242400 个集体农庄和 4000 个国有农场中去了。苏联成功地消灭了几乎所有的私人农场，但集体农业的产量却让人失望。苏联农场用多出 50% 的土地耕种，用多出 10 倍的人力劳动，但产量却只有美国农场产量的四分之三。造成这一产量悬殊的一个原因是苏联的气候比美国的气候对农业的影响要不利得多。另一个原因是苏联对发展工业更感兴趣，致使农业处于挨饿状态，苏联农场每英亩土地使用的机械与肥料只相当于美国农场的一半。而苏联农民更愿意在自己的私人土地上辛苦劳作，因为在私人土地上，农民可以用自己的方式耕种。农民在私人土地上的收获，可以在公开市场上以他们所能得到的最高价值而不是政府为集体农庄生产的农产品制定的低价格，出售他们的任何商品。私人土地虽然只占总耕地面积的3%—5%，却生产了 25%—30% 的苏联农产品。

与农业不同，斯大林计划经济下的大多数工厂主要有政府所有、政府经营的。除了为工业提供必要的资本外，政府还为促进高产量采取了"胡萝卜"加"大棒"的做法。工人和经理都必须完成某种产量定额，违者罚款或开除；如果超额完成任务，就会得到奖金。种种措施并举，苏联工业迅速增长，苏联政府提取了大约三分之一的国民收入用于投资。相比之下，美国则提取了这一比例的二分之一。在计划经济中，苏联政府可以随意分配投资资本，因此苏联工业总产品中大约有70%是资本货物，30%是消费货物。而同时期的美国，这一比例则全然相反。

1932年，第一个五年计划结束时，苏联的工业产量已经从世界第五位上升到世界第二位。这一惊人的发展速度，不仅是苏联生产率的提高，而且得益于欧美等由于经济大衰退造成的生产率下降。苏联国民生产总值中除了工业外还包括了落后的农业产值，从1928年到1952年这25年中增加了三倍半，这一发展速度超过了同一时期的任何国家。从世界实力平衡的角度来看，这是斯大林主要关心的——苏联在全球工业总产值中所占的份额从1921年的1.5%增长到1939年的10%和1966年的20%。苏联是一个在30年内成功将自己从一个落后的农业国转变为世界第二大工业、军事强国的国家。使这一惊人变化的成就，制度和技术对苏联来说非常重要，同样值得关注的是，苏联是一个欧洲大国，也是一个亚洲大国。教育计划使识字率从1914年的2%上升到1940年的75%和1960年的90%以上。通过五年计划，斯大林使苏联从工业生产强国到文化教育大发展，而做到了综合提升苏联的整体水平。

日本开了个坏头——入侵中国东北。

自20世纪30年代开始，经济危机与战争成为主旋律。30年代上台的德国和日本的新领导人决议修改第一次世界大战的领土和约，并有办法、有决心这样去做。德日大规模重整军备的计划和惊人的侵略行径急剧地改变了世界的势力均衡。英国、法国及欧洲大陆盟国坚决维护现状。德国、意大利和日本努力要求改变现状。因为五年计划而强大起来的苏联也在国际事务中起着日益重要的作用，导致世界出现三足鼎立的局面。这三方力量的相互影响，解释了 20 世纪 30 年代一再发生危机和第二次世界大战爆发的原因。

第一个重大侵略行径是日本做出的，因为日本想实现获取中国领土这一蓄谋已久的野心。日本的经济和军事领导人一直都在鼓吹"生存空间论"，他们认为日本应该征服一个使日本能够自给自足、在经济上不依赖其他地区的帝国。国际经济的大衰退造成的世界秩序破坏使得"生存空间论"在日本很有说服力，正如希特勒在德国所遇到的情况一样。日本的扩张主义者不仅为经济上的原因所驱使，还对苏联力量的日益增长及蒋介石统一中国的日趋成功而深感不安。同时期西方国家领导人则关注失业及其他问题，这使日本决定在 1931 年侵略中国的东北地区。中国东北角上的这个地区对日本有两个有利的条件：一是与南京政府的联系松散，并拥有丰富的自然资源。二是日本已通过商定的条约获得在中国东北地区的部分特权，这些特权可以用来为侵略行为寻找借口。

1931 年 9 月 18 日晚，一颗炸弹将日本人控制的通往沈阳北部地区的铁路炸毁一小段。驻扎在辽东半岛上的日本军队迅速行动，日本关东军未经宣战就在 24 小时之内攻占了沈阳和长春，然后再呈扇形向四面八方展开。

1932 年 1 月下旬，日军对哈尔滨的占领，意味着中国东北有组织的抵抗已经结束。

1932 年 3 月，日本侵略者将他们占领地重新命名为"满洲国"。中国政府向国际联盟求助。

1932 年 10 月，国联任命的一个委员会提交了一份报告，提出这样一种解决办法：将中国东北地区变成在中国主权范围内但在日本管辖下的自治国。

1933 年 2 月 25 日，国联正式通过了这份报告。第二个月后，日本退出国联，中国东北完全成了一个依附日本的傀儡国。日本侵略中国的东北，毫不费力就获得了富饶的新领地。这时德国、意大利的领导人又起到示范作用，日本侵略中国东北又引起了一连串的侵略，最终导致了第二次世界大战。

1935 年 3 月 16 日，希特勒背弃了《凡尔赛条约》中关于解除德国武装的条款，同时开始实施大规模重新武装的计划，使德国再次成为一个军事强国。

1935 年 10 月 3 日，意大利墨索里尼的军队入侵埃塞俄比亚。

1936 年 5 月 5 日，意大利军队攻占亚的斯亚贝巴。意大利军队在牺牲了 3000 人和损失了 10 亿美元之后，墨索里尼赢得了一个拥有 35 万平方千米、1000 万人口和丰富自然资源的帝国。

1938 年 2 月 12 日，希特勒把奥地利总理特·冯·舒施尼格召到贝希特加登的巴伐利亚高山别墅进行会谈。希特勒要求奥地利做出严重侵犯其独立的各种让步，迫使舒施尼格计划与 3 月 13 日就以下问题举行全民公投："你赞成一个自由的、独立的、日耳曼人和基督教的奥地利吗？"

1938 年 3 月 13 日，来自柏林和维也纳的法令宣布奥地利成为德国的一部分，奥地利顺利被德国侵并。希特勒又把目光对准捷克斯洛伐克，捷克斯洛伐克已被德国三面包围。更糟糕的是，1938 年 9 月，在慕尼黑，当英、法同意德国获得捷克斯洛伐克广大边境地区时，德国又兵不血刃占领捷克斯洛伐克。

1938年4月，意大利入侵占领阿尔巴尼亚。

1939年9月1日凌晨，德国的军队、坦克和飞机未经宣战就已经全线越过波兰边界。

1939年9月3日，英国与法国对德国宣战，第二次世界大战拉开了帷幕。第二次世界大战同第一次世界大战一样，在最初的两年中，许多战役只是在欧洲战场上进行。

1941年日本海军偷袭美国珍珠港。美国宣战！从而使第二次世界大战变成了全球战争。正如美国1917年参战改变了第一次世界大战一样，美国对日本的宣战，明显对加速第二次世界大战的结束产生了积极的影响。

两次世界大战的相似之处已不存在。随着日本闪电占领整个东亚和东南亚，第二次世界大战包括的地区比第一次世界大战多得多。两次世界大战在运用战略和武器上也根本不同。在第一次世界大战中，以战壕和机枪群为基础的防御证明优于进攻。第二次世界大战中，以坦克和飞机为基础的进攻证明强于防守，这一点解释了第二次世界大战所特有战线的极大流动性。整个的国家乃至整块的大陆来回易主，这与1914—1918年间两线战争流血僵持的局面形成了鲜明的对比。

1940年4月9日，德国军队突然采取行动，横扫丹麦并登入挪威海岸。

1940年5月10日，德国军队攻占荷兰和比利时。

1940年5月12日，德国军队向法国进攻，并于5月21日到达英吉利海峡。德国军队的闪电战使法国北部的法国、英国、比利时军队与法国主力部队的联系被切断。在这之后，主要是英国军队，退缩到了敦刻尔克，并从这里撤回了英国。德国军队向南推进，于6月3日占领巴黎。

德国军队的闪电战更反映到令人难以置信的伤亡数字中：整个战役中，法国损失了约 10 万人，其他同盟国损失了约 2 万人，德国损失了约 45000 人。这个伤亡数字还不到第一次世界大战期间一次进攻所蒙受损失的一半，但取得的战绩是第一次世界大战所远不能相提并论的。

1941 年 4 月 6 日，德国军队进攻希腊与南斯拉夫。到 4 月 13 日时，德国军队占领贝尔格莱德。

1941 年 6 月 22 日，希特勒命令德国军队越过苏联边境，进攻苏联。德国军队各装甲师以他们此时已熟悉的方式冲破边境上的防御工事，深深地侵入苏联后方，包围了苏联前方的军队，致使苏联 66.2 万红军被俘。

1941 年底时，德国军队已向东侵入 600 英里（1 英里＝1.6 千米），占领了苏联工业化程度最高、人口最稠密的地区。德国入侵苏联，几乎完全包围了莫斯科和列宁格勒，然而苏联红军却未受到重创，苏联红军还在 1941 年 12 月发动了一次反攻。由于莫斯科与列宁格勒的坚不可摧，希特勒命令德国军队南下，德军装甲师迅速席卷了平坦的草原地区，然后主力坦克部队推进到斯大林格勒略北的伏尔加河。

在北非，德国军队在隆美尔的指挥下，迫使英国人穿过利比亚向埃及边境撤退。1942 年 5 月，隆美尔继续发动进攻，越过边境进入埃及到达阿拉曼，准备向开罗进攻。

1942 年底，苏联军队在斯大林格勒战役中取得巨大胜利。英国在埃及取得突破性进展，盟军在法属北非登陆。

1943 年，意大利墨索里尼垮台，盟军对德国连续不断的轰炸和日本舰队在太平洋的失败，令战争在 1943 年出现了转折。

1944 年春，苏联将德军赶出克里米亚和乌克兰，苏联红军发动总攻。

1944 年至 1945 年，欧洲基本上已被由东挺进的苏联红军和由西面的诺曼底登陆的英美联军解放。诺曼底登陆于 6 月 6 日发起，巨大的舰队由 4000 艘商船和 700 艘军舰组成。到 8 月初，由乔治·巴顿将军率领迅速穿过法国北部向巴黎进军。8 月 19 日，抵抗力量在巴黎公开起义，在月底英国和美国部队解放巴黎。

1945 年 4 月，苏联红军已占领维也纳，并正渡过离柏林 40 英里（1 英里＝1.6 千米）的奥得河。

4 月 16 日，当朱可夫向柏林发动最后的进攻时，盟军在袖手旁观。

4 月 25 日，美国一支侦察部队同苏联红军的先头部队在将德国一分为二的易北河边的托尔高村会师。

5 月 2 日，柏林向苏联红军投降，同时德军指挥官在意大利签署了无条件投降的决定。

1945 年 8 月 6 日，美国一架 B-29 轰炸机将一颗原子弹扔到日本广岛上，炸毁了五分之三的城市，炸死了 14 万居民。

1945 年 8 月 8 日，苏联对日宣战，苏联红军越过边境进入中国东北。

1945 年 8 月 9 日，美国在日本长崎上空投下第二颗原子弹，7 万人被炸死。日本天皇于 8 月 14 日接受了同盟国的最后通牒。

1945 年 9 月 2 日，停泊于东京湾的美国"密苏里号"战列舰甲板上，举行了正式的受降仪式。

第二次世界大战结束了，它比第一次世界大战更残酷、更具有破坏性。与第一次世界大战的 2840 万人的伤亡数量相比，第二次世界大战造成共约 7000 万人左右死亡，1.3 亿人受伤。最令人震惊的是，在 7000 万死亡的人数中，有近五分之一的人是被残忍地杀害的！

第二次世界大战完成了对欧洲全球霸权的破坏，这一破坏始于第一次世界大战。这两次世界大战对世界历史具有相似的意义，不过它们存在重大的差别，这些差别对当今的国际舞台有着重要意义。纳粹和日本军国主义对欧洲和亚洲的旧秩序破坏很大，德国人侵占了整个欧洲大陆，日本人则侵占了整个东亚与东南亚。但是，这两个帝国都是短命的，它们到1945年已不复存在，留下了两个包括具有重要经济和战略价值地区在内的权力真空。这两大权力真空的争夺导致了冷战的爆发，更是战后世界秩序与工业社会秩序争夺的开始。

第七章　秩序之争

　　第二次世界大战的结束，是战后秩序重建的开始。在以美、英、法为核心的资本主义强国和以苏联为核心的共产主义国家之间的秩序之争，也造就了冷战的开始。美苏是两个阵营的霸主，不仅仅是美苏争霸，更是秩序的争霸。资本主义与共产主义都是社会秩序之一，各有优劣。一个好的社会制度、秩序的建立到消亡，都是一个过程，需要时间和事件来鉴定优劣。美国在二战后的世界秩序制定中，占尽了天时地利人和，也就是广为人知的"马歇尔计划"、货币体系与关贸组织，形成了以这三步走的战略，成功将世界的控制权转移到了美国人手里。

一、马歇尔计划

　　马歇尔计划是第二次世界大战结束后，美国对被战争破坏的西欧各国进行经济援助，协助重建的计划，对欧洲国家的发展和世界政治格局产生了深远的影响。马歇尔计划于 1947 年 7 月正式启动，并整整持续了 4 个财政年度之久。在这段时期内，西欧各国通过参加欧洲经济合作发展组织（OECD），总共接受了美国包括金融、技术、设备等各种形式的援助 131.5 亿美元，其中 90% 是赠予，10% 是贷款。

从二战结束到 1947 年，欧洲经济依然徘徊在战前水平以下，几乎看不到增长的希望。农业生产是 1938 年水平的 83%，工业生产为 88%，出口额仅为 59%。战前西欧的粮食供应很大程度上依赖东欧出口的余粮，但这一贸易路径自二战结束后被完全阻断了。在德国这个情况更为严重，在 1946—1947 年人均热量摄入每人每天仅为 1800 千卡，这个数值完全不能支持人体的长期健康。威廉·克莱顿在写给华盛顿的报告中说：数百万的人正在慢慢饿死。而此时的美国，虽然为二战的参战国，但美国本土未遭受到战争的破坏，反而在战争中大发横财。在二战结束后，美国的经济快速增长，也是世界上在二战中唯一获利的国家。

美国在战争期间形成的巨大工业产能，都成为战后经济爆炸式发展和繁荣的基础。美国的商品出现大量的过剩，如果不把商品及时销售出去，美国国内也会出现不稳定因素。美国为了把商品及时销售出去，欧洲自然是最佳选择，马歇尔计划很多援助项目就是以美国的商品及原料为主。欧洲重建计划最初于 1947 年 7 月在一个由欧洲各国普遍参加的会议上被提出的。在这段时间内，西欧各国通过参加经济合作发展组织，总共接受了美国包括金融、技术、设备等各种形式的援助 131.5 亿美元。

马歇尔计划原名为欧洲复兴计划，马歇尔计划援助的只是西欧，对整个世界产生了重要的影响：首先马歇尔计划对西欧经济的发展起到了重要的作用，促使西欧各国的经济获得了快速发展。实质上西欧各国在马歇尔计划之后得到快速发展，之后的二十年间经济发展的速度是值得称道的。

马歇尔计划影响到的不仅仅是欧洲经济，同时还影响到欧洲各国的政治面貌。马歇尔计划实施后，欧洲各国的经济迅速发展，这使得二战后在各国迅速壮大的共产主义力量逐渐萎缩，而资本主义在西欧各国稳定发展。

马歇尔计划大大影响了欧洲的政治格局，促进了欧洲一体化的发展，促进了欧洲自由贸易的发展。马歇尔计划之下出现了欧洲经济联合体，为欧洲经济共同体的出现提供了借鉴。

马歇尔计划对欧洲经济发展起到很好的作用，更为以后的国际货币支付体系与关贸总协定奠定了基础。美国在战后的国际秩序上从迷茫到清晰，马歇尔计划是美国主导战后秩序的第一步，也是关键的一步。马歇尔计划是美苏冷战的开始，更是社会主义阵营和资本主义阵营对立的开始。马歇尔计划的实施，使欧洲接受美国的恩惠后，对美国制定主导的国际秩序给予无条件的支持，更让欧洲团结在了以美国为首的资本主义阵营中，开创了资本主义的国际新秩序。

二、布雷顿森林货币体系

资本主义的核心是资本，以资本控制社会秩序是持之以恒的。为了达到战后控制国际秩序，布雷顿森林货币体系出台了。两次世界大战之间的 20 年中，国际货币体系分裂成几个相互竞争的货币集团，各国的货币竞相贬值，动荡不安。

在二战后期，美英两国政府出于本国利益的考虑，构思和设计战后的国际货币体系，分别提出了"怀特计划"和"凯恩斯计划"。"怀特计划"和"凯恩斯计划"都是以设立国际金融机构、稳定汇率、扩大国际贸易、促进世界经济发展为目的的，但运营方式不同。更由于美国在世界经济危机和二战后登上资本主义世界盟主的地位，美元的国际地位因其国际黄金储备的实力得到巩固，英美双方于 1944 年达成了反映怀特计划的"关于设立国际货币基金的专家声明"。

建立布雷顿森林货币体系的关键人物是美国前财政部助理部长哈

里·怀特。凭借战后美国拥有全球四分之三的黄金储备和强大军事实力的大国地位，怀特力主强化美元地位的提议，力挫英国代表团团长、经济学大师凯恩斯，使"怀特计划"成为布雷顿森林会议最后通过的决议蓝本。

布雷顿森林体系是以美元和黄金为基础的金汇兑本位制，实质是以美元为中心的货币体系，美元与黄金挂钩、国际货币基金会成员国的货币与美元保持固定汇率。"布雷顿森林体系"建立了国际货币基金会组织和世界银行两大金融机构，前者负责向成员国提供短期资金借贷，目的为保障国际货币体系的稳定；后者负责中长期信用贷款来促进成员国经济复苏。国际货币基金组织和世界银行自 1947 年 11 月 15 日起成为联合国的常设专门机构。中国是这两个机构的创始国之一。1980 年，中华人民共和国在这两个机构的合法席位先后恢复。

布雷顿森林体系优缺点共存，优点是：第一，布雷顿森林体系暂时结束了战前货币金融领域里的混乱局面，维持战后世界货币体系正常运转。第二，促进各国国内经济的发展。第三，扩大了世界贸易。第四，基金组织与世界银行对世界经济的恢复与发展起到积极作用。第五，有助于生产和资本的国际化。

布雷顿森林体系的缺点也显而易见：第一，金汇兑制本身的缺陷。黄金与美元挂钩，享有特殊地位，加强了美国对世界经济的影响，有利于美国的对外扩张和掠夺。美国承担了维持金汇兑平价的责任。第二，储备制度不稳定。第三，国际收支调节机制的缺陷。第四，内外平衡难统一。

布雷顿森林体系的成立至崩溃，都是迎合了时代发展的需要，成立之初亦是符合美国国家战后利益的需要。而导致布雷顿森林体系崩溃的原因，亦是由美国一手造成的：

1. 美国的黄金储备减少。美国 1950 年发动朝鲜战争导致军费剧增，国际收支连年逆差，黄金储备大量外流。20 世纪 60 年代美国卷入越南战争，国际收支进一步恶化，引发了美元危机。没有充足的黄金储备做基础，严重动摇了美元的信誉。

2. 美国通货膨胀加剧。美国连年的战争加大了政府的财政赤字，依靠发行货币来弥补造成了通货膨胀，给美元的汇价带来巨大冲击。美国国际收支持续逆差，美国贵金属大量外流，形成"美元过剩"。

由此导致美元与黄金无法互换，最终导致布雷顿森林体系的崩溃。

布雷顿森林体系的崩溃，是美元兑付的崩溃，亦是金本位的结束，依然没有改变国际货币基金组织和世界银行在经济中的影响力。布雷顿森林体系由美国一手创立，也有美国一手毁灭。就如衣服，美国只是又找到一件新的衣服，来包裹他那更加壮大了的身躯而已。

三、关税及贸易总协定

美国前两步完成，第三步则是推动国际贸易"自由化"，向联合国经社理事会提出召开世界贸易和就业会议，设立国际贸易组织。1946年，由美、英等 19 个国家组成的联合国贸易与就业会议筹备委员会，起草了《联合国国际贸易组织宪章》。1947 年 11 月，在古巴哈瓦那举行的联合国贸易和就业会议上通过了该"宪章"，通称《哈瓦那宪章》。与此同时，由美国邀请包括中国在内的 23 个国家，根据这一宪章中有关国际贸易政策的内容，进行了减让关税的多边谈判，采纳了《哈瓦那宪章》中关于国际贸易政策的内容，签订了《关税及贸易总协定》，并从翌年 1 月 1 日起临时生效。

关税及贸易总协定的组织机构：最高权力机构是缔约国大会，一般一年举行一次。代表理事会在大会休会期间负责处理总协定的日常和紧急事务。代表理事会下设若干常设和临时委员会与工作组，其中重要的有"贸易和发展委员会"和"国际贸易中心"。秘书处为职能机构提供经常性服务。

"关贸总协定"组织的主要活动是举行消减关税和其他贸易壁垒的谈判。这种谈判有一个专门术语称为"回合"。从 1947 年至 1979 年，在关贸总协定的主持下各国共计进行了 7 次多边贸易谈判，其中最著名的是 1964 年的"肯尼迪回合"和 1973 年的"东京回合"。关贸总协定还组织有关国家对商业政策方面出现的问题进行磋商，解决争端；协助个别国家解决该国贸易中的问题，帮助有关国家加强地区性贸易合作，执行培训国际贸易专业人才的计划，等等。

关贸总协定对世界贸易具有非常大的影响。到 1985 年，关贸总协定的正式成员国已发展到 90 个国家和地区，参加关贸总协定的国家和地区的总贸易额占世界总贸易额的 80% 以上。据不完全统计，前 7 轮谈判中达成关税减让的商品近 10 万种。

1993 年 12 月 15 日，第八轮谈判取得更为重大的进展（即乌拉圭回合），代表批准了一份"最后文件"。文件规定将建立"世界贸易组织"，以取代关贸总协定的临时机构，同时对几千种商品的关税进行消减，并把全球贸易规则扩大到农产品和服务业。

1994 年 12 月 12 日，关贸总协定 128 个缔约方在日内瓦举行最后一次会议，宣告关贸总协定的历史使命完结，从 1995 年 1 月 1 日起，世界贸易组织（WTO）取代关贸总协定。

中国是关贸总协定的创始国之一。1949 年中华人民共和国成立后，台湾当局无权代表中国。台湾当局占据中国席位，并于 1950 年退出关贸总协定，但以观察员身份列席关贸总协定会议。

1971 年 11 月，总协定取消台湾的观察员资格。

1986 年 7 月，中华人民共和国政府正式提出恢复关贸总协定缔约国地位的申请。中国积极与有关国家进行双边谈判，有些进展较快，有些进展遇到困难。

1999 年 11 月 15 日，经过长时间、多回合的谈判，中美两国政府在北京就中国参加世贸组织达成双边协议，为中国加入世贸组织扫清了最大的障碍。

2001 年 11 月 10 日，世界贸易组织第四届部长级会议在多哈以全体协商一致的方式，审议通过了中国加入世界贸易组织的决定。2001 年 12 月 11 日，中国正式加入世贸组织，成为其第 143 个成员国。

四、苏联的后起争霸

相比较美国在战争中已谋求战后秩序的制定，苏联则是在不断夯实自己的实力。苏联在一战中推翻俄国而建立起的新政权，国内工业革命持续进行中，工业化不断加强，新的社会主义制度刚把工人与农民团结起来，就迎来了德国人的入侵。苏联在失去三分之一工业之后，依靠国土面积的大纵深来持续抗击德军，最终在德军溃败后与盟军平分德国。这仅仅是在军事上的成功。欧美盟国与苏联的雅尔塔协议中，已将战后势力范围做了划分，而苏联却对国际新秩序的形成慢了半步。俗语说得好，一步跟不上，步步跟不上！

1924 年 1 月，列宁去世。斯大林在党内斗争中击败布哈林后，终止执行列宁的新经济政策。随后开展大清洗运动，消灭了他怀疑的党内各种力量。让苏联全党、全国人民都服从他一个人的意志，最终形成了斯大林社会主义模式，并通过输出革命的方式力图推广到全世界。在最兴盛的时期，苏联模式一度覆盖欧洲、亚洲、非洲、南北美洲等二十几个国家。

苏联模式有几个显著的特点：第一，一党制，党政合一，实行不受法律限制的无产阶级专政。在贯彻民主集中制的过程中，实际上搞没有民主基础的集中制，把权力集中到少数人手里，最后集中到斯大林一个人手里。第二，对文化和意识形态严加控制。严加控制，压制任何形式的言论自由。垄断马克思主义的解释权。第三，全面集中管理社会生活，取消任何具有独立意义上的民间社会组织。对国内不同的政见者，持续进行大规模的镇压，建立大批强制劳动的古拉格岛式集中营。

苏联在经济中用暴力手段实行指令性计划经济，超高速工业化和农业全盘集体化。在斯大林看来，指令性计划经济是社会主义的本质特征。在理论上，苏联提出是社会主义的产品经济，否定商品经济，主张取消商业，苏联各部委通过行政方式直接指挥企业生产经营。在工业化过程中，斯大林反对布哈林等人提出的兼顾轻重的建议，给布哈林等人扣上"提倡印花经济"的帽子，对布哈林等人加以批判。斯大林集中一切力量片面发展重工业，并把军火工业作为龙头，使苏联经济出现严重的畸形。

在农业方面，斯大林提出："个体农民是最后一个资产阶级！"到1930年，用暴力消灭了富农，强迫农民参加集体农庄，建立了高度集中管理的农业经济。斯大林在1952年出版的《苏联社会主义经济问题》一书中说，集体农庄剩余产品进入市场是不能允许的，商品流通与社会主义、共产主义体制不相容，这导致了苏联农业长期的落后状态。斯大林社会主义经济模式是，用行政指令管理生产经营活动，藐视价值规律，注重粗放式增长，追求数量忽视质量。

在对外关系方面，斯大林强力推行苏联社会主义模式，形成了对抗美国主导的资本主义世界秩序的苏联秩序。苏联秩序是打着世界革命和国际共运旗号扩展苏联的利益，重点放在意识形态方面。苏联以老子党自居，让别国俯首听命，并大量用金钱推动苏联秩序的建立。在十月革命至冷战期间，苏联秩序曾覆盖到各大洲许多国家，建立了社会主义阵营，在欧洲成立了华沙条约军事组织，与美国为首的西欧国家及北约军事组织对抗。现在仍然可以从朝鲜、古巴等国家看到苏联秩序的巨大影响。

五、两个秩序的优劣

评价世界秩序的优劣，就是要从历史的发展趋势与现今社会的融合度来判断。我们分析了原始社会、奴隶社会、封建社会、封建专制社会的发展进程，究其社会秩序的属性，仍然可以统称为农业社会的社会秩序。固然原始社会、奴隶社会、封建社会、封建专制社会各有各的社会秩序特点，但仍然都处于农业社会这个大主体下的社会秩序的局部变化，所以统称为农业社会秩序。

资本主义的兴起，是以工业革命为显著的社会生产为主要特征，以资本为纽带，用资本的力量支配一切。自第一次工业革命后，原有的农业社会秩序不断遭到破坏，而以资本主义为意识形态的工业社会秩序都在不断构建。自第二次工业革命后，引发的第一次世界大战、第二次世界大战，都是源于工业革命所带来的市场需求与资源争夺的直接结果。工业革命先行强国对未来资源的极度渴求，导致战争的规模犹如工业革命的成果一样，都是令世界为之震惊，更使战争由农业社会的冷兵器时代进入工业革命后的热兵器时代。热兵器时代战争的出现，是划时代的，带给全世界人民的苦难伤痛更是前所未有的。特别是在二战时期，第三次工业革命也蓬勃兴起第三次工业革命以核能、生物技术、信息技术为主要特征，完全与前两次工业革命不同。可以说第三次工业革命是跨越式的，更是创世界的。

第一次工业革命、第二次工业革命是以个人发明来推动工业科技创新来改变世界的。而从第三次工业革命的特征出现后，都是以国家为主体支撑的科技创新，来达成重大基础创新的突破，特别是在军事科技领域的创新。再做一个分析：第一次工业革命是以个人发明的蒸汽机推动民用工业发展为主体的，而第二次工业革命则是军民并进式的；到了第三次工业革命时期，则是举全国之力，重点以军事科技创新开始的，这也导致第二次世界大战的战争规模与伤亡人数迅速增大，成为有史以来的新纪录。

第二次工业革命的迅猛发展，也导致工业社会的全面形成。而工业社会的形成，却因社会秩序恰恰处在半农业、半工业社会秩序的转型期。这个时期出现的社会秩序，即以美国为首的资本主义社会秩序和以苏联为首的苏联模式社会秩序及以伊斯兰世界为主体的伊斯兰社会秩序。这三种社会秩序各有兴衰、各有优缺点，它们只是站在自身利益的立场，坚持先利己、后利他的原则。在这个原则之下，形成更多的双重标准，使得社会秩序的普世性降低，最终也仅仅是一个时期性的、区域性的、洲际性的社会秩序，而不是工业社会的世界社会秩序。

苏联相对于欧美国家而言，工业革命在苏联比欧美晚了一个时代，这也导致苏联的工业比同时期的欧美要弱得多。既然苏联工业基础薄弱，在美苏争霸的冷战时期，苏联的国策就是要加快赶上欧美的科技水平、工业化水平及军工水平。在这样的国策下，苏联出现了"八重八轻"发展现状：重政治轻经济、重工业轻农业、重重工轻轻工、重计划轻市场、重速度轻效益、重军工轻民用、重积累轻消费、重国家利益轻个人利益的优缺点和弊端。

苏联的"八重八轻"，本意是加快国内国家整体实力的上升，这个方式是那个年代的国际意识形态对立决定的，但拔苗助长的方式注定了不会持久。国家经济是一个综合课题，而苏联模式最大的核心在于一个农业国向工业强国迈进的历程中，没有资本的力量，就不会追求效率，由此引起的浪费现象更是日益增加。苏联在从一个农业社会向工业社会的转变过程中，其政府的统治思想却依然停留在农业社会的国家治理方面，主要体现在三个垄断：

1. 政治权利垄断。一党治国使整个苏联的权力集中在一个党的手中，而党内的权力又集中到一个人的手里。最终形成的是独裁式的集权治国。

2. 经济垄断。通过指令性的计划经济来垄断整个国民经济，在国家强管控下的经济只是运行，而没有工业经济该有的效率与竞争性，导致社会生产率低下，使得经济失去了活力。

3. 意识形态垄断。苏联对内垄断思想，并搞禁锢主义，从而形成一言堂；稍有不同政见与不同思想者，都送去劳动集中营。

苏联模式的八重八轻与三个垄断，归根结底是沿用传统农业社会秩序的思维来治国理政，强调的是高度集中的中央集权与思想上的锁国，强调的是人治。这样的治国与工业社会的社会秩序背道而驰，工业社会秩序初期的特征是资本、法律与民主。两相对比，苏联模式的垄断本质是独裁，在人治的政体下，与工业社会的本质渐行渐远。更由于八重八轻政策，虽然在短时间内用速度去追赶欧美的经济规模，却是不可长时间持续的。拔苗助长的内因，最终导致了苏联的崩溃。

工业社会的社会秩序可能不是一蹴而就的，是长期演化而最终形成成熟的，一如中国的春秋战国之后形成的封建专制的农业社会秩序一样。工业社会秩序也会像农业社会秩序一样，经历类似于原始社会、奴隶社会、封建社会、封建专制社会秩序的发展历程。

美国为首主导的战后世界秩序曾为人类进步和经济发展做出巨大贡

献，随着工业革命的不断深入，已经进入我们认为的第四次工业革命。美国主导的战后秩序是第三次工业革命前后推行的，犹如小孩穿衣服，每隔一两年都要换大一号新衣服一样，美国主导的国际秩序越来越不适应国际秩序的发展。一如关贸总协定改为世贸组织，布雷顿森林体系瓦解一样，在第四次工业革命的大潮中，美国主导的国际秩序也必然会土崩瓦解。第四次工业革命不仅仅带来新的技术变革，更会带动新社会秩序的构建，特别是针对美国以军事霸权维护下的摇摇欲坠的国际旧秩序。

第八章 双重标准成为美国国际秩序的掘墓人

中东先后涌现出高举普世思想旗帜的征服者与先知。在中东，一个个帝国崛起又灭亡，一个个专制君主声称自己是权力的化身，之后又如海市蜃楼般消失得无影无踪。在这块土地上，不同历史时期存在过形形色色的国家秩序或国际秩序，随后一个又一个被推翻。以上是基辛格在《世界秩序》中《伊斯兰主义和中东：世界乱局》的第一段，但也道出了中东是世界乱局，这与时局与战争是密切相关的。

以色列不顾阿拉伯国家的反对，在美英的支持下，按照联合国决议宣布建国，激起了阿拉伯国家的强烈反对。

1948 年 5 月 15 日，埃及、约旦、黎巴嫩、叙利亚、伊拉克向以色列宣战，这次大规模的战争于 1949 年 7 月 20 日全面停战。通过这次战争，以色列占领了巴勒斯坦 4/5 的土地，达到 2.07 万平方千米，战争遗留的"边界问题"为日后再次爆发战争埋下了伏笔。战争中，阿拉伯国家军队阵亡 1.5 万人，以色列阵亡约 6000 人。本次战争，史称第一次中东战争。

1956 年 7 月 26 日，埃及政府宣布将苏伊士运河从英、法殖民主义者手中收归国有。

11 月 29 日，以色列在英、法的支持下入侵埃及西奈半岛。

11 月 31 日，英、法以"保卫运河通航自由和安全"为借口，向埃及发动进攻。

在国际的声援支持下，埃及军民同侵略者进行了艰苦的战争，史称第二次中东战争，又称苏伊士运河战争。战争共造成埃及军队死亡约 1000 人，受伤 2 万多人，损失飞机 200 架，五大城市遭到严重破坏，1.2 万幢住宅毁于战争。

对于这场战争，美国同英、法之间存在矛盾。英法军队于 12 月 22 日撤出埃及领土，以色列军队于 1957 年 3 月全部撤离埃及。第二次中东战争以侵略者的撤出而告终。

1967 年 6 月 5 日，以色列在美国的支持下，借口埃及封锁亚喀巴湾，突然向埃及、叙利亚和约旦发动战争袭击。在以色列空军的打击中，埃及近 300 架战机被炸毁，埃及陆军在失去空军的掩护后，遭到以色列军队的重创。叙利亚、约旦在以色列空军的突袭下，亦溃不成军。

6 月 7 日和 6 月 8 日，联合国安理会通过两次决议，埃及、叙利亚、约旦在丧失大片国土的情况下被迫接受无条件"停火"。这次战争史称第三次中东战争，也称"六五战争"或"六日战争"。埃及、叙利亚、约旦遭受严重损失，伤亡和被俘达 6 万余人，而以色列仅死亡 98 人。这次战争以阿拉伯国家的战败而告终。

1973 年 10 月 6 日，埃及、叙利亚为收复六五战争中的失地，地面部队和海空军分别向以色列军队占领的西奈半岛、戈兰高地发动突袭。面对战争初期的不利形势，以色列迅速动员预备役部队，使总兵力达到 40 万人，以 3 个师转入反攻。战争的结果是阿拉伯国家阵亡 2 万余人，被击毁坦克 2000 余辆，损失战机 400 余架。以色列军队阵亡 5000 余人，损失坦克 1000 余辆，战机 200 架。这场战争史称第四次中东战争，又称为"十月战争""斋日战争""赎罪日战争"。

10月22日，联合国安理会通过决议，需要双方就地停火。埃及、以色列于22日，叙利亚于24日同意停火。

1982年6月6日，以色列借口打击巴勒斯坦解放组织，从陆、海、空大举入侵黎巴嫩。到6月11日，以色列军队占领了从贝鲁特到大马士革的国际公路以南2800平方千米的黎巴嫩领土。短短几天时间，以色列就占领了黎巴嫩近半国土，这是史称第五次中东战争。黎巴嫩巴解游击队伤亡3000余人，损失坦克100辆、火炮500门。黎巴嫩南部的游击队彻底被摧毁。叙利亚军队伤亡1000余人，被击毁坦克400余辆、飞机85架。

在联合国的调解下，由维和部队监督，巴解总部及1万余名武装人员不得不撤出贝鲁特，分散到突尼斯等8个阿拉伯国家。叙利亚在贝鲁特的1000多名部队同时撤走。

一、中东之乱的内因

老子在《道德经》中说：道法自然。道即是世间万物的生长发育的运行规律，无论是人、物、国家兴亡、国际秩序，都符合道的哲理。一如基督教，从精神征服控制向政教分开，专业人做专业事，走向社会化的大分工。这就是工业社会发展的大趋势，而这个趋势不是一个宗教、一个国家可以去改变的。面对世界发展的大趋势，只有去顺应趋势，才能有引领趋势的机会，而绝不是逆国际趋势而行，不断地在现实中碰壁，而导致让全体国民买单。

军事装备的先进性、军事指挥的高水平与国家战争动员能力的综合水平，远不是精神征服就可以达到的。美国对于以色列不遗余力的支持，既是美苏争夺的桥头堡，又是控制中东的先锋军。阿拉伯国家却在战争中不仅没有讨到便宜，反而被以色列不断地蚕食领土。阿拉伯国家也因各自的原因，又分为两派，而这两派，恰恰分属两个阵营，那就是美、苏各领一军的阵营。埃及、叙利亚、阿尔及利亚和伊拉克一般支持苏联的政策，听苏联的指挥。而约旦、沙特阿拉伯、伊朗、摩洛哥与美国结盟，并依赖美国保障其安全。有几个国家的政治合法性自带宗教色彩的传统君主制，表面是为了国家利益施展治国方略，其实是为了与哪个超级大国结盟更符合本国的利益而已。

1973 年至 1974 年，这一联盟发生变化，埃及总统萨达特确信苏联只能提供武器，但无力帮埃及通过外交努力收复被以色列占领的西奈半岛，此后埃及成了事实上的美国盟友。埃及在国防上依赖美国武器，而不再是苏联武器，导致苏联在这一地区的作用被严重削弱。随着苏联的解体，美国作为唯一的一个超级大国，在对中东局势上更加强势，更是直接出兵中东几个国家。而在美国入侵中东阿拉伯国家的同时，以色列又做了美军的急先锋，导致中东关系进一步复杂化，阿拉伯与以色列的恩怨不断加深。

为了恢复科威特主权，美国领导的联盟军队于 1990 年 8 月至 1991 年 2 月，对伊拉克进行战争。这是冷战结束以后，第一场大规模的战争。海湾战争分为三个阶段：沙漠盾牌行动、沙漠风暴行动、海上拦截行动。联盟军队以较少的代价重创了伊拉克军队，取得决定性的胜利。

1991 年 2 月 27 日，美国宣布解放科威特的战争结束并于当天午夜停火，伊拉克则在 4 月份接受停火协议。

2011 年 5 月 1 日，美国在巴基斯坦将本·拉登击毙。2014 年 12 月 29 日，美国总统奥巴马正式宣布阿富汗战争结束。2020 年 2 月 29 日，美国与塔利班在卡塔尔多哈签署和平协议，结束 18 年之久的阿富汗战争。

2001 年 10 月 7 日，以美国为首的联军对阿富汗的基地组织和塔利班发动战争。该战争是美国对 911 事件的报复，同时标志着反恐战争的开始。

2003 年 3 月 20 日，美英军队为主的联合部队对伊拉克发动军事行动，单方面对伊拉克实施军事打击。到 2010 年 8 月美国战斗部队撤出伊拉克为止，历时 7 年多。至 2011 年 12 月 18 日，美军全部撤出。美国借口伊拉克大规模杀伤性武器没找到，反而把一个主权国家打垮了，并把萨达姆俘虏。在事后，美国总统小布什承认，对伊拉克的军事入侵，所谓的大规模杀伤性武器是个借口，根本就是子虚乌有的事。

2011 年 3 月 19 日，法国率先空袭利比亚。美国海军于深夜通过部署在地中海的多艘军舰，向利比亚北部防空系统发动导弹攻击。英国皇家空军派出多架战机参与随后的空袭，对利比亚的战争由此打响。战争进行到 10 月 20 日，卡扎菲军队的最后一个据点苏尔特被占领，卡扎菲及其接班人穆塔希姆在战斗中丧生，至此利比亚战争落下帷幕。

2015 年 10 月初，联合国发布报告估计，约有 300 万利比亚人受到战争的影响，占总人口的 1/2，来自利比亚与叙利亚等地的难民潮，共同催生了欧洲历史上最大的难民潮。

2016 年 4 月 10 日，美国总统奥巴马接受美国福克斯新闻台采访，承认出兵利比亚是任期内最大的错误。

2018 年 4 月 14 日凌晨，美国、英国、法国从空中和海上向叙利亚军事和民用设施发射了 110 多枚巡航导弹和空地导弹。以美国为首的军事行动，彻底打开了叙利亚战争的序幕，其后更是支持叙利亚反政府武装进行代理人战争，致使叙利亚进入国家内战的无休止状态。

二、通过现象看本质

美国即使频频发动战争，并绕过联合国，可以对世界上的其他国家任意开战，但美国的总统却频频获得诺贝尔和平奖！

1. 西奥多·罗斯福，美国第 26 任总统（1901 年 9 月—1909 年 3 月 4 日）。罗斯福获得 1906 年诺贝尔和平奖，"成功地调解以结束了日俄战争，他在仲裁上的贡献也给常设仲裁法院提供了一个案例"。

2. 托马斯·伍德罗·威尔逊，美国第 28 任总统（1913 年 3 月 4 日—1921 年 3 月 4 日）。获得 1919 年诺贝尔和平奖，"他在国际联盟的建立中发挥了重要作用"。

3. 詹姆斯·卡特，美国第 39 任总统（1977 年 1 月 20 日—1981 年 1 月 20 日）。获得 2002 年诺贝尔和平奖，"表彰他几十年如一日地寻求和平解决国际争端的方法，推进民主和人权，并促进经济和社会发展"。

4. 巴拉克·侯赛因·奥巴马，美国第 44 任总统（2009 年 1 月 20 日—2017 年 1 月 20 日）。获得 2009 年诺贝尔和平奖，"表彰他在促进国际外交和各国人民合作所做出的的非凡努力"。

美国总统有军事行动的决定权，这也使各届总统可以向任何他想开战的国家开战。西奥多·罗斯福曾任海军部副部长，参与美西战争，并在古巴的圣地亚哥战役中战功卓著，获得圣胡安山英雄的称号。西奥多·罗斯福在任期内建设强大的军队，干涉美洲事务。

伍德罗·威尔逊在总统任期内宣布美国加入一战的重大决定，并于 1917 年在美国国会发表演说，明确了与德国断绝外交关系。之后的 4 天时间内，国会以压倒性的多数，通过了参战决议案。始于 1914 年的第一次世界大战到 1916 年底交战双方依然势均力敌，难分难解。到了

1917 年，战争接近尾声，美国此时参战，即可轻易获胜，捞取战利品，又有利于战后争夺世界霸权。1918 年 1 月，在大战结束前，美国总统威尔逊就提出"十四点"和平原则，俨然以世界领袖自居。

詹姆斯·卡特任期内，美军入侵尼加拉瓜，这是美国第三次入侵尼加拉瓜。

奥巴马在 2011 年 3 月 21 日致信国会领导人称，美军正在对利比亚采取的军事行动定性，持续时间和规模上均有"限度"，并希望北约主导军事制裁利比亚。2011 年 3 月至 10 月，第六舰队派出大批舰艇参加利比亚战争。2014 年 9 月 22 日凌晨，美军与盟国对利比亚境内的伊斯兰国目标发动首轮空袭。

特别是二战后，在美国总统任期内发动战争的数量及战争规模依然有增无减：

杜鲁门：发动朝鲜战争。

艾森豪威尔：入侵古巴、入侵多米尼加、入侵刚果。

肯尼迪：入侵古巴、发动越南战争。

尼克松：入侵柬埔寨、入侵也门、发动智利战争。

福特：继续扩大越南战争。

卡特：入侵尼加拉瓜。

里根：入侵格林纳达、入侵洪都拉斯、介入两伊战争、入侵利比亚、入侵玻利维亚。

老布什：发动巴拿马战争、发动海湾战争。

克林顿：发动海地战争、入侵索马里、发动科索沃战争。

小布什：发动阿富汗战争、伊拉克战争。

奥巴马：发动利比亚战争。

特朗普：发动叙利亚战争。

　　美国发动的战争都是在保障自己的霸权及争夺其他地区的利益，美国发动战争频繁，不是穷兵黩武，而是在世界各地保障自身的各种权益，并维持世界警察的职责。相比较美国的战争频率，中东的以色列也毫不谦让，其中大规模的战争如下：

　　1948 年 5 月 16 日凌晨开始的第一次中东战争。

　　1956 年 7 月 26 日开始的第二次中东战争。

　　1967 年 4 月开始的第三次中东战争。

　　1973 年 10 月 6 日开始的第四次中东战争。

　　1982 年 6 月 6 日开始的第五次中东战争。

　　更让世界震惊的是，以色列对中东国家核设施的空袭摧毁能力：

　　1981 年，以色列战机空袭，炸毁了伊拉克的核反应堆。

　　2007 年，以色列战机炸毁了叙利亚的核反应堆。

　　以色列敢于做外科手术式的战术定点清除阿拉伯国家的核反应堆，不仅是不想看到阿拉伯国家拥有核武器，更是不希望让阿拉伯国家军事强大起来。由此，在美国的军事技术支持下，以色列借口空袭阿拉伯国家的军事目标已经是常态，以色列是一个站在美国肩膀上的巨人！

　　中东之乱，亦是世界秩序之乱，更是利益之争之乱。中东于美国而言，是石油资源，是美国军火商的福地。仅这两个方面而言，美国就不希望看到阿拉伯国家任何一个国家强大起来。美国特别不想看到不属于自己盟友的阿拉伯国家强大，能够阻止阿拉伯国家强大的只有一个途径，那就是战争。通过战争来削弱阿拉伯国家的方式有两个：一个是美国直接出兵打击，一个是让以色列出兵打击。美国对中东的策略简单明了，那就是全力支持以色列，让以色列成为美国在中东地区的利益代言人，使得以色列有能力对阿拉伯国家进行任意的军事打击，而减少美国对中东军事格局变化的顾虑。

　　以色列的主要民族为犹太人，自联合国准许犹太人建国以来，以色列人的向心力即坚不可摧。但建国后的以色列人口少，百废待兴，也只有依靠美国的支持才得以在中东地区伊斯兰国家的仇视中立足。而作为对美国的回报，以色列在军事行动中主动出击美国所担心的目标隐患，从而使以色列成为美国在中东地区的最佳盟友。美国在中东地区的盟友众多，如埃及、约旦、沙特阿拉伯、摩洛哥、科威特等国，却只有以色列与美国保持同步。

　　美国对盟友的双重标准，也不是一时之计，而是美国在国际推行霸权主义时已经完成的布局规划之一。爱德华·斯诺登通过多家媒体披露美国国家安全局"棱镜"项目涉及的机密文件，指认美国情报机构多年来在国内外持续监视互联网活动及通信运营商的用户信息。"棱镜"事件引起国际社会的高度关注，特别是美国与欧盟的关系。

　　2013年8月25日，德国《明镜》周刊获得了美国国家安全局秘密文件显示，美国国家安全局不仅监听欧盟，也对联合国总部实施了监听计划。

　　2013年10月24日，英国《卫报》报道，美国情报机构曾监听至少35名国际政要的电话。美国国家安全局鼓励白宫、美国国务院、美国国防部等核心官员"分享通讯录"，以便美国国安局能够将外国政治、军事要员的电话纳入监听系统。法国《世界报》披露"美国情报机构在2012年底到2013年1月窃听法国公民7000万份通话"。意大利《快讯》周刊报道"英国和美国情报机构大规模窃听意大利的电话和拦截网络数据"。西班牙《国家报》称"美国安全局监控了数百万西班牙人的电话、短信和电子邮件"。

　　法国总统奥德朗、意大利总理莱塔等外国政要向美国表达了对监听事件的不满，法国、西班牙等国召见了美国大使。德国总理默克尔的电话遭到美国窃听被曝光后，联邦情报局及联邦信息安全局认为此事可信，遂向政府通报。默克尔已就此事致电美国总统奥巴马要求澄清，德国外长韦斯特韦勒于2013年10月24日传召美国驻德国大使，阐明德方立场。德国防长德迈齐埃表示，窃听默克尔手机是无法接受的行为。德迈齐埃曾估计自己的手机会被窃听，但没想到窃听者是美国人。

德国联邦最高检察官2013年10月24日要求政府机构及情报局提供有关美国窃听的信息，对公众舆论进行分析。检察官要求总理府、司法部、内政部以及情报局向其提供详细资料，以便对窃听事件有深入的认识。如果事实充分，德国联邦检察官将起诉美国政府。

2013年10月24日、25日，欧盟峰会，美国监听事件成了本次峰会的焦点。欧洲国家领导人谴责美国的监听行为，支持德国、法国向奥巴马寻求全面的解释。

2013年10月26日，德国《明镜》周刊又指出，美国安全局可能已经监听现任总理默克尔的电话时间长达10年之久。

白宫发言人卡尼实际上从未否认美国过去曾监听默克尔的电话。卡尼承认曝光的国家安全局信息造成美国与一些国家的关系紧张，美方正试图通过外交渠道解决有关问题。

2013年10月28日，美国国务院情报委员会主席戴安娜·范斯坦称白宫将停止对盟国的监听，呼吁对所有情报项目进行全面评估。白宫正考虑停止对友好国家领导人的监听，但是还没有就此做出最终决定。

2013年10月30日，一名奥巴马政府高级官员表示，美国不对纽约联合国总部的目标进行电子监控。在美国刺探外国元首和政府领导情报，招致包括德国总理默克尔在内的盟友反对后，这项命令是白宫限制国家安全局庞大情报搜集工作已知的最新行动。

2013年10月31日，美国国务卿克里说，在某些方面，美国的监听行动做得"太过分"，克里承诺那样的情况不会再发生。

至此，"棱镜门事件"暂告一段落。欧盟内各国领导人也是美国监听的对象，而这些国家是美国事实上的盟友，美国在冷战时期与盟友共同对敌苏联的。而美国对欧盟盟友的监听，特别是对德国、法国、西班牙、意大利四国首脑电话的监听，完全出乎人们的意料。当监听真相大白于天下之后，还有哪个盟友不担心被美国安全局监听？有。即使美国监听其他任何一个盟友，但美国不会去监听一个国家——英国。英国与美国的渊源自美国建国之前，但美国建国之后，特别是在第一次世界大战后，与英国的关系更加密切。也可以这样理解，今天的美国就是17世纪、18世纪、19世纪的英国——今天的美国，就是昨天的英国。不可否认的是，日不落帝国的英国，从一个全球霸主，经过两次世界大战之后，切切实实地衰弱为一个区域强国。而美国则通过两次世界大战，一跃成为全球的霸主。英美两个霸主之间的转换，也与其独有的地理位置有关。

两次世界大战的主战场都在欧洲、亚洲，特别是一战，欧洲是主战场，而二战是欧亚两个主战场。英国作为欧洲的成员国，虽然离开欧洲大陆，海洋是阻碍，但也成就了英国的海洋霸权时代，成为日不落帝国。在发现美洲大陆以后，英国人对美洲的开发与经营，也奠定了美国独立建国的基础。由此来讲，就是一部分英国人去美洲经营多年后，意欲摆脱英国的管制，减少税收而宣布建国。从这个关系讲，英国是母亲，美国就是儿子。由于是母子关系，加上美国远离欧洲，在两次世界大战中战火没有在美国国土燃烧过，反而借两次世界大战之机，大发战争财。雄厚的工业基础及债权国的身价，让美国成了战后秩序的主导国，特别是美国的辉煌，也离不开英国的助攻。英美两国的血脉相承，也就注定了美国对英国的彼此信任与无限合作。一如本文中，意大利

《快讯》周刊报道的那样："英国和美国情报机构大规模窃听意大利的电话和拦截网络数据。"一语中的！英国和美国的关系昭然若揭，这也是本次监听门事件中没有英国的原因，因为英国也是参与美国的窃听计划并从中受益了。

从披露的信息分析来看，美国对盟友的双重标准，也是世人皆知了。本文中的事例也说明，美国在欧洲的双重标准针对的是欧盟各国的领导人一个标准，对英国领导人又是一个标准，再加上英国脱欧后，这个双重标准的标签会更加明显。英国与美国的默契，更使英国成为美国制衡欧洲的一个重要力量，使英国成为美国在欧洲的分属一样，代表美国在欧洲发挥重要的作用。中东的以色列，亦如英国在欧洲的作用，成为美国在中东的制衡力量。从全球来看，英国与以色列是美国的兄弟，而欧盟、日本、印度等盟友，只不过是为了牵制俄罗斯、中国的利益伙伴而已。美国这样的双重标准化，不仅会因曝光窃听计划而伤害盟国，更会伤己！

美国在全球推动主导国际一体化的美国模式，最终会因为双重标准、多重标准而导致自己不能自圆其说，更会因为越来越多双重标准、多重标准的曝光，而使潜规则大白于天下。在潜规则曝光后，盟友对美国的质疑越来越多，也就与美国渐行渐远。美国倡导的民主、法制、市场经济、全球一体化与欧洲同步是没问题的，只是欧洲国家在向心力上，与美国不可同日而语了。

美国在中东地区是双重标准、多重标准。不同的信仰、不同的国情与民情，也决定了美国模式不是普世的。美国用不变去应时代的万变，美国对全球多地区的双重标准与多重标准，最终会成为国际秩序的掘墓人。

三、军事霸权赢不来国际秩序

自第二次世界大战结束后，美国频繁在海外发动规模不等的战争。究其原因，都是在谋求美国的核心利益：占据地缘优势，劫取资源、开拓市场、巩固和扩大美国在全球的霸权。从美国的历史来看，美国自1776 年 7 月 4 日宣布独立以来，在近二百五十年的历史中，没有战争的时间仅有 21 年。即在美国 244 年的历史中，美国一直在世界某个国家或地区与他国军队处于交战状态。据不完全统计，从二战结束到 2011年，全球有 153 个地区发生了 248 次武装冲突。其中，美国以执行联合国决议、实施人道主义援助、维护世界和平、保护美国公民生命财产安全为由，发动了其中 201 场武装冲突与战争，占比为 81%，导致 3 亿人死亡！

美国主导发动的 201 场战争中，规模较大的有：

1. 朝鲜战争（1950 年 6 月 25 日—1953 年 7 月 27 日）。

2. 武装干涉黎巴嫩（1958 年 7 月 15 日—1958 年 10 月 25 日）。

3. 侵略越南（1961—1975 年）。

4. 入侵格林纳达（1983 年 10 月 25 日—1983 年 11 月 2 日）。

5. 突袭利比亚（1986 年 4 月 25 日）。

6. 巴拿马战争（1989—1990 年）。

7. 利比亚武装撤侨（1990 年 6 月 3 日—1991 年 1 月 9 日）。

8. 海湾战争（1991 年 1 月 17 日—1991 年 2 月 28 日）。

9. 武装干涉索马里（1992 年 12 月 4 日—1994 年 3 月 12 日）。

10. 科索沃战争（1999 年 3 月 24 日—1999 年 6 月 10 日）。

11. 阿富汗战争（2001 年 10 月 7 日—2014 年 12 月 29 日）。

12. 第二次海湾战争（2003 年 3 月 20 日—2011 年 12 月 15 日）。

13. 利比亚战争（2011 年 3 月 19 日—2011 年 10 月 31 日）

在美国发动的这 13 场战争中，交战时间少于 1 年的共有 7 次战争，分别为突袭利比亚、科索沃战争、海湾战争、利比亚武装撤侨、利比亚战争、入侵格林纳达、武装干涉黎嫩。从交战双方的实力对比而言，以上 7 个国家的军事实力远不能与美国相提并论，这也就是导致战争不足 1 年的决定性因素。特别是利比亚一国，在与美国的三次交战中，短的只有一天，最长的战争时间也未超过 8 个月，这就是美国军事霸权的一种变相体现。

在美国发动的战争中，交战时间在 1 年以上、5 年以内的有 3 次战争，分别是朝鲜战争、武装干涉索马里与巴拿马战争。朝鲜战争历时 3 年 1 个月加 1 天，这不仅是美国在二战结束后打的规模最大的一次战争，更是中华人民共和国成立后的出国第一战！这场战争对于中美两国而言，都是意料之外而又轰然而遇的战争。朝鲜战争本来是朝鲜半岛的内部战争，在以美国为首的联合国军参战后战况急转而下。出于中国的国防安全，中国人民志愿军奔赴朝鲜，与以美国为首的联合国军进行了一场殊死的战争。

朝鲜战争的持续时间虽然不长，仅 3 年 1 个月加 1 天，却是自二战后打得最激烈、最艰苦的战争。特别是以上甘岭战役为代表的阵地攻防战，已经超过了二战战争中的战争烈度。上甘岭战役不仅是军火的倾泻地，而且是巨大的战场绞肉机，更成为中美两国军事斗争艺术的智慧缩影。朝鲜战争对美国而言也是一种警示，但美国却没有记住。这个教训就是：只要有中、苏介入的，美国实施的入侵战争必将使美国陷入泥潭，让美国在战争中难以自拔，更不可能速战速决。朝鲜战争是一个非常明显的例子，而其后在美国入侵越南的战争亦得到验证。美国对越南战争长达 14 年，不仅没有征服越南，反而让越南越战越顽强，让美国不得不撤军结束。

美国武装干涉索马里与巴拿马战争虽然超过 1 年多的时间，但美国的军事行动烈度并不高。美军在以上两个国家的军事行动属于开战后的秩序维护时间更为长久，真正的大规模战争几乎没有，相当于美军同游击队性质的军队在战斗，是一场不对称的战争。

美国对外战争时间超过 5 年的共有 3 次，分别为侵略越南历时 14 年、阿富汗战争历时 18 年、第二次海湾战争历时 8 年。侵略越南的战争历时 14 年之久，这是美军没有想到的，也是美国没有吸取朝鲜战争的深度背景而导致的。美国在中国周边朝鲜与越南的战争，都是与中国的强大战力、新中国第一代领导人和优秀将帅分不开的。美国没有吸取朝鲜战争的教训，一头扎进越南，被战争折磨了 14 年。或许，以后美国会长点记性。

美国总统布什向世界宣布，美军在阿富汗打了一场样式很独特的反恐战争，以彻底消除制造 911 事件幕后的黑手及其同盟者塔利班。2001 年 10 月 7 日，以美国为首的联军共约 13 万人向阿富汗开战，阿富汗及其盟友共计 46 万人参与战争。有战略眼光的战略家们都认为美国无疑会赢得这场战争，但自美军开战以后，特别是反塔联盟在战争中发挥的作用，使世人愈感到始料未及。战争一次又一次地出现戏剧性的变化，许多分析家的预测都跟不上形势的发展。

2014 年 12 月 29 日，美国总统奥巴马正式宣布阿富汗战争结束。历时 13 年的战争，以美国为首的联军共付出 2108 人阵亡的代价，致使塔利班及盟友阵亡超过 20000 人，阿富汗保安部队阵亡 6500 人。特别严重的是，战争导致阿富汗 300000 平民伤亡的巨大灾难！

2016 年 7 月 6 日，美国总统奥巴马宣布放缓美军在阿富汗的撤军计划，将在 2017 年 1 月其总统任期结束前在阿富汗保留 8400 名美军士兵。

2020 年 2 月 29 日，美国与塔利班在卡塔尔多哈签署和平协议，以结束历时达 18 年之久的阿富汗战争。

第二次海湾战争，亦称伊拉克战争。2003 年，伊拉克战争爆发，美军率领北约在一个月内将伊拉克军队击败，但战争持续到 2011 年结束。在 8 年的战争中，美军有 4000 人阵亡，4.7 万人受伤。战争初期，美国总统小布什坚称伊拉克有大规模杀伤性武器，在打击萨达姆时致使伊拉克陷入内战。最终美国总统小布什承认没有找到大规模杀伤性武器，只是战争的一个谎言。

根据中国国务院新闻办公室 2013 年 4 月 21 日发布的《2012 年美国的人权纪录》统计，美国是冷战结束后世界上对外发动战争最频繁的国家。2001 年至 2011 年间，每年约有 1.4 万至 11 万平民死于美国领导的"反恐战争"。

2017 年国新办发布的《2016 年美国人权纪录》显示，2009 年以来，美国无人机仅在巴基斯坦、也门和索马里就造成 800 名平民伤亡。2014 年 8 月 8 日至 2016 年 12 月 19 日，美国空袭伊拉克 7258 次，空袭利比亚 5828 次，共导致 4568—6127 名平民死亡。人权纪录援引制止战争联盟网站 2012 年 6 月 14 日的文章说，以美国为首的军事行动制造了生态灾难，致使伊拉克战后儿童出生缺陷率"惊人增加"。

美国国际关系专家罗伯特·基欧汉说："强国总是在寻求建立一种有利于其利益和意识形态的国际政治经济秩序……具备足够的军事力量保护一种国际政治经济秩序，使其免遭敌对国家的破坏，是成功霸主应有的前提条件。自二战以来，美国就保持足够的军事力量，对苏联'遏制'战略，在其军事力量的后盾下，美国以多元化原则和制定体现美国利益的规则为基础，建立了自由资本主义世界的政治经济秩序。美国的军事力量是为保护其控制的国际政治经济秩序而发挥作用的。"由此可见，在军事安全上把控局势是美国在国际社会掌控政治、经济主导权过程中可以利用的王牌。

美国在推行"美国模式"的国际政治经济秩序，也就很明显地有两个路径：一是以经济利益体的方式，利用战后制定秩序的优势，在西方资本主义国家推行"美国模式"。二是利用战争，把资源的小国家击垮，换上美国利益的代言人，得以推行美国模式，以此来保障美国的核心利益。"美国秩序"有优点，也有缺点，缺点就是美国对盟国的双重标准和对欧洲及其他洲国家的双重标准，最终会降低"美国模式"的普世性。一个不具备普世性的"美国模式"，最终会因为美国的双重标准而形成压死骆驼的最后一根稻草。中东的以色列，这是美国在中东的核心盟友，其他的中东盟友则是二等公民的角色。以欧洲的英国为例，则是美国在欧洲的核心盟国：即使如德国总理默克尔的电话都在英美的监听之下，美国与欧洲各国又怎能持续走得更近呢？美国对盟友的双重标准，最终会让联盟成为联而不盟。

美国针对敢敌对国家采取"遏制"政策，极力打压敌对国家的经济与军事实力，这更是一种双重标准。美国对敌对国家中的强国，以人权、经济、科技封锁为主，以军事遏制为辅。美国对敌对国家中的弱小国家，则直接选择开战，用战后秩序重建，选择代理人与代理政府，以符合美国的核心利益为标准。美国对全球多地区的双重标准与多重标准，对世界秩序是一个巨大的破坏，最终会成为自己的掘墓人。

第九章　恶个体——揭露经济危机的根源

每一个经济周期都有显著的特征，而每一显著的周期特征，必定有优缺点。优点大于缺点之时经济周期上行，经济得到快速发展。经济发展到一定时间和阶段后，如经济特征的优点发挥到现有经济框架的极致，则开始下行。这时经济周期特征的缺点持续放大，加速经济下行，逐步形成经济危机，直到新的经济周期开始。如果能在经济周期显著特点的顶峰可以找到新的经济显著优点，则可以避免经济危机的发生，如同人穿衣一样，从一两岁到三四岁，每年都要更换大一号的衣服。如果衣服换晚了，身体肯定不舒服，而衣服更容易破损，从而进入互害状态。

真正的经济危机都是恶个体引起的！恶个体的过分贪婪，是造成经济危机的主因。贪婪的最终结果是让所有人一起买单！在全球经济一体化越来越密切、越来越协同的背景下，恶个体贪婪得十分，则由全球人帮恶个体买单100分！

分析经济危机的主要原因，是每一个经济学家乐此不疲的，却又是事后诸葛亮，如此而已。但回看经济危机的各段历史，却有相同的轨迹，那就是人们的贪婪引发的。星星之火可以燎原。而每一次经济危机的前兆，却犹如星星之火，最终烧掉整个经济的草原。

1593 年，一名叫卢克修斯的园艺师在奥地利发现了一种非常漂亮的花，于是带走了一些种子。卢克修斯到了荷兰。在卢克修斯的精心栽培下，花种成长后开出鲜艳漂亮的花朵。当时有人给花取名为"TU-ERID"，就是今天的郁金香。而此时的郁金香是稀有的花卉，更因为花的美艳，赢得了权贵阶层的喜爱，成为上层社会的追捧。一些有眼光的商人目睹这一现象后，开始对郁金香的投机行为。投机商先是出高价收购郁金香球茎，然后以更高的价格卖给上层社会的权贵们。

渐渐地，郁金香所带来的投机狂热成了一种流行的趋势。越来越多的人加入买卖郁金香的队伍中，即使是普通人都参与其中。投机者愿意倾家荡产买下一支郁金香球茎，因为投机者相信，终究会有人以双倍以上的价格将郁金香球茎买走。到了 1634 年，外国商人闻讯参与其中，导致郁金香的价格不断上涨。这场郁金香的投机狂潮已经持续了近四十年，阿姆斯特丹交易所更是为了满足郁金香的交易，专门设立交易会场，加速了郁金香价格的上涨。

1637 年 1 月，一支最普通的郁金花球茎的价格为 64 盾，而到了 2 月份，一支郁金香球茎的价格竟高达 1668 盾，涨幅令人目瞪口呆，催生了投机的癫狂状态。更令人出乎意料的是，短短几天后，这支郁金香球茎的价格暴跌至 0.15 盾！

1637 年 2 月 4 日，这一天发生的事情是世界金融史上最大的悬案，没有之一。郁金香的投机者都在争先恐后地卖出，谁都不想成为最后一个傻瓜，使郁金香的价格在市场中瞬间跌到冰点，郁金香泡沫宣告破灭。

1637 年 4 月 27 日，荷兰政府下令终止所有郁金香合同的买卖。至此，荷兰郁金香事件引发的惨剧绝不亚于华尔街的黑色星期四。许多人血本无归，从富商一夜之间变得一贫如洗。这种从天堂陡然跌入地狱的转折，使荷兰的金融史迅速萎缩，商业经济走下坡路，造成了经济的崩溃。

无独有偶，历史依然在重演。1929 年 10 月 24 日，美国华尔街股市突然暴跌，因此也有人用"黑色星期四"来指这次事件，也是资本主义世界经济危机的开始。

一战结束后，新设备、建设等市场需求疲软，经济增长缓慢，可供投资的领域很少。社会及企业闲置资金流入证券市场，证券市场的股票逐步上涨，以几倍于实际的价格买入抛出，从而导致经济泡沫越来越严重。股票价格的上涨，导致投资到股票上的钱越来越多，证券市场过热的现象，每天都在刷新纪录。

在 1929 年 10 月以前，美国华尔街股市出现了连续 7 年左右的繁荣，证券市场的价格更是不断上涨。1929 年 9 月初，一位统计学家预言美国将出现空前规模的大萧条，道琼斯指数即时下跌了约 10 个点。随后胡佛总统声称美国经济从根本上看是健康的，股市随即大涨，但华尔街已笼罩了一种警觉。

1929 年 10 月 24 日，美国证券市场出现了空前的抛售狂潮，一天内有 12894650 股股票易手。随后在 10 月 28 日的"黑色星期一"，股指更是狂泻 13%。到了 29 日，股市有 1638 万股股票易手，猛跌 22%，再次打破历史纪录，损失比协约国所欠美国的战争债还大 5 倍。在此期间，一些金融巨头曾试图挽救股市，但无济于事，股市仍然一泻千里。

这一轮的股市狂跌一直持续到 1932 年中期，历经 34 个月，道琼斯工业指数下跌了 87.4%。跌幅最大的是冶金、机械、汽车、电力、化工等行业股票，跌幅均在 90% 以上。美国股市暴跌同时波及英国、德国、法国、比利时、奥地利、瑞典、挪威、荷兰，引发了一场大规模的、持久的股市下跌风潮。在实体经济方面，到 1933 年，美国国民生产总值由 2036 亿美元降至 1415 亿美元，降幅高达 30%。美国企业倒闭 85600家，工业生产降幅 55.6%，进出口减少 77.6%，银行倒闭 10500 家，占总数的 49%，失业率高达 25%。

1929 年 10 月 29 日之后，短短的两个星期内，共有 300 亿美元的财富消失，相当于美国在一战的总开支。美国股市崩溃致使美国经济陷入毁灭性的灾难之中，可怕的连锁反应很快发生：疯狂挤兑、银行倒闭、工厂关门、工人失业。成千上万的家庭因还不上按揭房的月供被赶出家门。这一场发生在美国的经济危机，是一场灾难，史称"大萧条"。

美国的经济危机可不是仅有一次，而是自 1783 年对英国殖民者的独立战争胜利后，1929 年 10 月 29 日开始的经济危机，仅是其中影响较大的一次而已。据统计，美国共计发生经济危机 20 次，其发生的年份如下：

1825 年发生经济危机。

1837 年发生经济危机。

1847 年发生经济危机。

1857 年发生经济危机。

1866 年发生经济危机。

1873 年发生经济危机。

1882 年发生经济危机。

1890 年发生经济危机。

1900 年发生经济危机。

1907 年发生经济危机。

1920—1921 年发生经济危机。

1929—1933 年发生经济危机。

1937—1938 年发生经济危机。

1948—1949 年发生经济危机。

1957—1958 年发生经济危机。

1969—1970 年发生经济危机。

1974—1975 年发生经济危机。

1980—1982 年发生经济危机。

1990—1991 年发生经济危机。

2007—2012 年发生经济危机。

从美国 20 次经济危机的时间来看，经济危机间隔最短的时间仅为 4 年，这是 1929—1933 年经济危机与 1937—1938 年经济危机两次经济危机之间的经济复苏期，仅相隔 4 年又爆发经济危机。而两次经济危机间隔时间最长的为 1990—1991 年经济危机与 2007—2012 年经济危机之间的增长期，长达 16 年的经济发展，为历届发展期之最。

通过对比发现，美国的经济危机中，最短的时间为 1 年，共计有 10 次，也就是 1907 年之前的经济危机，持续时间短，仅 1 年左右即进入经济增长期。经济危机历时 2 年以上的共计 10 次，其中经济危机持续时间最长的一次历时 5 年之久，排名第二长的是 1929—1933 年的"大萧条"。从这个方面来看，2007—2012 年的经济危机历时时间久，对世界经济的危害最大，对今后世界经济秩序的影响也更加深远。

谁是经济危机的罪魁祸首？

经济危机产生的原因不一，但肯定有相同之处，有其发展的轨迹。或许我们可以从始于 2007 年次贷危机引发的经济危机中找到经济危机内在的主因，与大家分享：由美国次贷危机引发的经济危机，或许可以给大家一个较为完整的案例样本。

在美国，贷款是非常普遍的现象，买房通常都是以长期贷款为主。而在美国失业和再就业也是很常见的事情，但这些收入并不稳定甚至根本没有收入的人，买房因为信用等级达不到标准，因此被定义为次级信用贷款者，简称次级贷款者。次级抵押贷款是高风险、高收益的行业，与传统意义上的标准抵押贷款的区别在于，次级贷款者信用记录和还款能力要求不高，贷款利率却比一般抵押贷款高很多。部分因信用记录不好或偿还能力较弱而被拒绝提供优质抵押贷款的人，会申请次级抵押贷款购买住宅。

2006 年之前的 5 年里，由于美国住房市场持续繁荣，加上前几年美国银行利率水平较低，美国的次级抵押贷款市场迅速发展。美国次级抵押贷款市场通常采用固定利率和浮动利率相结合的还款方式：即购房者在购房前几年以固定利率偿还贷款，其后以浮动利率偿还贷款。

次级抵押贷款的投资银行为了赚取暴利，采用加杠杆 20—30 倍的操作，使得次级抵押贷款的风险被猛然加大。如：一个银行自身资产为 30 亿美元，30 倍加杠杆就是 900 亿美元。这个银行以自身 30 亿美元为抵押获得 900 亿美元后将资金用于投资。如果投资盈利率为 5%，那么银行将获得 45 亿美元的盈利。反过来，如果投资亏损 5%，则银行亏损 45 亿美元，不仅仅把自身的 30 亿美元资产亏损掉，还欠 15 亿美元债务。

金融杠杆操作风险高。按照正常规定，银行不能进行这样的冒险操作，而这个情况被突破在于把杠杆投资拿去做"保险"。据统计分析，发现违约情况不到 1%，这个比率促使金融杠杆迅速发展。这种保险的名称叫 CDS。CDS 在市场上的反复炒作，更是把 CDS 的市场总值炒到了 62 万亿美元！而 CDS 和次级抵押贷款都属于金融衍生产品，而 CDS 市场则是金融体系中一个重要的金融交易体系。

2007 年 2 月 13 日，美国新世纪金融公司发布 2006 年第四季度盈利预警。汇丰控股宣布业绩，拉开了次级贷款危机的序幕：汇丰控股宣布业绩，并额外增加在美国次级房屋信贷的准备金高达 70 亿美元，合计 105.73 亿美元，升幅高达 33.6%。一经公布，令当日美国股市大跌，其中恒生指数下跌 777 点，跌幅 4%。

2007 年 4 月 2 日，美国第二大次级贷款抵押贷款公司——新世纪金融公司申请破产保护，裁减 54% 的员工。

2007 年 8 月 2 日，德国工业银行旗下"莱茵兰"基金及银行本身因少量参与了美国房地产次级抵押贷款市场业务而遭受巨大损失。

2007 年 8 月 6 日，美国第十大抵押贷款机构——美国住房抵押贷款投资公司正式向法院申请破产保护。

2007 年 8 月 8 日，美国第五大投资银行贝尔斯登宣布旗下两只基金倒闭，原因也是源于次贷风暴。

2007 年 8 月 9 日，法国巴黎银行宣布因美国次贷冻结旗下三只基金，更导致欧洲股市猛跌。

美国房地产投资信托申请破产保护。

2007 年 8 月 13 日，日本瑞穗集团宣布与美国次贷相关损失为 6 亿日元。

美国花旗集团宣布，集团因次贷危机引起的损失为 7 亿美元，这个损失对于一个盈利达 200 亿美元的金融集团而言，可以忽略不计。但股价方面，花旗集团已由高位时的 23 美元/股跌到了 2008 年的 3 美元/股，令其市值缩水高达 90%！

2007 年 8 月 14 日，沃尔玛和家得宝等数十家公司发布因次贷危机蒙受巨额损失。

2007 年 10 月 23 日，日本村野证券宣布因美国次贷亏损 6.2 亿美元。

2007 年 10 月 24 日，美林公布 2007 年第三季度亏损 79 亿美元。

2007 年 10 月 30 日，瑞士银行宣布，因次贷相关产品亏损，第三季度出现亏损达 8.3 亿瑞郎，为近五年首次亏损。

2008 年 2 月 20 日，德国宣布州立银行陷入次贷危机。

2008 年 4 月 8 日，IMF 称全球次贷亏损超 1 万亿美元。

2008 年 4 月 18 日，日本三菱日联金融集团在次级贷的相关损失为 9.21 亿美元。

2008 年 9 月 15 日，美国第四大投资银行雷曼兄弟公司宣布申请破产保护。

2008 年 9 月 25 日，美国最大的储蓄及贷款银行——华盛顿互惠公司，被美国联邦存款保险公司接管，成为美国有史以来倒闭的最大规模的公司。

由次贷危机引发严重的经济危机，延伸到其他行业：

2009 年 1 月 14 日，北美最大的电信设备制造商——北电网络公司，申请破产保护。

2009 年 3 月 2 日，美国国际集团宣布 2008 年第四季度亏损 617 亿美元，创下美国公司历史亏损之最，也成为压在美国股市上的最后一根稻草。

2009 年 6 月 1 日，通用公司申请破产保护。

次贷危机不仅令美国的次级抵押贷款机构破产、投资基金被迫关闭、股市剧烈震荡引起金融风暴，而且导致全球主要金融市场出现流动性不足危机。美国次贷危机是从 2006 年春季开始逐步显现的，2007 年 8 月份开始席卷美国、欧洲和日本等世界主要金融市场，从而成为全球性金融危机。

救市！救市！

美国的次贷危机，一是由于次级抵押贷款机构的金融杠杆与保险等金融衍生品的创新埋下的暗雷。二是随着美国住房市场的降温，尤其是短期利率的提高，导致次贷还款利率大幅上升，致使次贷购房者的还款压力加大。而同时住房市场的持续降温也使购房者出售住房或者通过抵押住房再融资变得困难。这两点直接导致大批次贷的借款人不能按期偿还贷款，而银行收回房屋，却卖不出或者只能低价出售，造成大面积亏损，叠加因素引发了次贷危机。

美国的次贷危机，也与美国政府的政策密不可分。美国社会鼓励借贷消费，疯狂的提前消费，在美国国民大众提前消费的同时，美国国民的收入却在缓慢下降。根据统计，在扣除通货膨胀因素后，美国的平均小时工资仅仅能够与 35 年前的工资水平持平。一名 30 岁美国男子的收入则比 30 年前同龄人的工资降低了 12%。经济发展的果实基本都进入富人的账号，导致贫富差距越来越大。

美国政府放松对金融业的监管，则给金融危机做了最后的铺垫。新自由主义一个重要的内容就是解除管制，也包括金融管制。1982 年，美国国会通过《加思·圣杰曼储蓄机构法》，给予储蓄机构与银行相似的业务范围，但不受美联储的管制。储蓄机构可以购买商业票据和公司债券，发行商业抵押贷款和消费贷款，甚至可以购买垃圾债券。

美国国会先后通过了《1987 公平竞争银行法》《1989 金融机构改革、复兴、实施方案》以及 1999 年《金融服务现代法》等众多立法。彻底废除了 1933 年《美国银行法》的基本原则，将银行业与证券、保险等投资行业之间的壁垒清除，从而为金融市场所谓的金融创新、金融投机等打开了潘多拉魔盒的盖子，使得华尔街的投机气氛日益浓厚。资产证券化和金融衍生品创新不断加快，导致美国次级抵押贷款激增，以至于把 CDS 的总市值炒到了 62 万亿美元的天文数字。而这个 CDS 总市值 62 万亿美元的后果则直接导致了美元的流动性不足，进而次贷危机转变为金融危机，让全世界买单！

次贷危机爆发后，美国政府与欧洲各国希望通过政策与金融注资调整，以缓解危机，却无济于事。

2007 年 8 月 10 日，美国次级贷危机蔓延，欧洲央行出手干预。

2007 年 8 月 11 日，世界各地央行 48 小时内注资超 3262 亿美元救市。美联储一天三次向银行注资 380 亿美元以稳定股市。

2007 年 8 月 14 日，美国、欧洲、日本三大央行再度注资超过 720 亿美元救市。亚太央行再向银行系统注资，各经济体推迟加息。

2007 年 8 月 17 日，美联储降低窗口贴现利率 50 个基点至 5.75%。

2007 年 8 月 20 日，日本央行再向银行系统注资 1 万亿日元。

澳联储再向金融系统注资 35.7 亿澳元。

2007 年 8 月 22 日，美联储再向金融系统注资 37.5 亿美元。

欧洲央行追加 400 亿欧元再融资操作。

2007 年 8 月 23 日，英国央行向商业银行贷出 3.14 亿英镑应对危机。

美联储再向金融系统注资 70 亿美元。

2007 年 8 月 28 日，美联储再向金融系统注资 95 亿美元。

2007 年 8 月 29 日，美联储再向金融系统注资 52.5 亿美元。

2007 年 8 月 30 日，美联储再向金融系统注资 100 亿美元。

2007 年 8 月 31 日，伯南克表示，美联储将努力避免次贷危机损害经济发展，布什承诺政府将采取一揽子计划挽救次贷危机。

2007 年 9 月 18 日，美联储将联邦基金利率下调 50 个基点至 4.75%。

2007 年 10 月 8 日，欧盟召开为期 2 天的财长会议，主要讨论美国经济减速和美元贬值问题。

2007 年 10 月 13 日，美国财政部帮助各大机构成立一支价值 1000 亿美元的基金（超级基金），用于购买陷入困境的抵押证券。

2007 年 11 月 9 日，美国银行、花旗银行和摩根士丹利三大行达成一致，同意拿出至少 750 亿美元帮助市场走出危机。

2007 年 11 月 26 日，美国银行开始带领花旗、摩根大通为（超级基金）筹资 800 亿美元。

2007 年 12 月 4 日，巴菲特开始购入 21 亿美元得克萨斯公用事业公司 TXU 发行的垃圾债券。

2007 年 12 月 7 日，美国总统布什决定在未来 5 年冻结部分抵押贷款利率。

2007 年 12 月 12 日，美国、加拿大、欧洲、英国、瑞士五大央行宣布联手救市，包括短期标售、互换外汇等。

2007 年 12 月 17 日，欧洲央行保证以固定利率向欧元区金融机构提供资金。

2007 年 12 月 18 日，欧洲央行宣布额外向欧元区银行体系提供 5000 亿欧元左右的两周贷款。

2007 年 12 月 19 日，美联储定期招标工具向市场注入 28 天期 200 亿美元资金。

2008 年 1 月 22 日，美联储紧急降息 75 个基点至 3.5%，这是美联储自 1980 年以来降息幅度最大的一次。

2008 年 1 月 24 日，美国纽约保险监管层力图为债券保险商提供 150 亿美元的资金援助。

2008 年 1 月 30 日，美联储降息 50 个基点。

2008 年 2 月 9 日，七国集团财长和央行行长会议声明指出，次贷危机影响加大。

2008 年 2 月 12 日，巴菲特愿意为 800 亿美元美国市政债券提供再保险。

2008 年 2 月 28 日，伯南克声称即使通货膨胀加速，也要降息。

2008 年 3 月 13 日，美国财长保尔森和美联储主席伯南克等监管官员将提议对银行资本实行更严格的监管。

2008 年 3 月 17 日，美联储宣布调低窗口贴现率 25 个基点，至 3.25%。

2008 年 3 月 19 日，美联储宣布降息 75 个基点，并暗示继续降息。

2008 年 3 月 20 日，英国央行会见五大投资银行高级管理人员，首次表态将为国内银行提供更多资金援助。

2008 年 3 月 24 日，美国联邦住房金融委员会允许美国联邦住房贷款银行系统增持超过 1000 亿美元房地美和房利美发行的 MBS。

2008 年 3 月 27 日，欧洲货币市场流动性再度告急，英国央行和瑞士央行联袂注资。

美国美联储通过定期证券借贷工具向一级交易商提供 750 亿美元公债。

英国首相布朗和法国总统萨科齐举行会晤，讨论如何提高金融市场的透明度和敦促国际主要金融机构改革。

2008 年 4 月 9 日，国际金融协会代表全球银行业巨头首次公开承认在次贷危机中有责任。

2008 年 4 月 10 日，美国参议院通过价值 41 亿美元的一揽子房屋市场拯救计划。

2008 年 4 月 12—13 日，七国集团（G7）和国际货币基金组织（IMF）召开为期两天的会议，表达了对当前金融市场震荡的担心，并要求加强金融监管。

2008 年 4 月 15 日，新加坡投资局有意参与瑞银 150 亿瑞郎的融资计划。

摩根大通分析师指出，此次次贷危机，很可能会在未来 10 年时间里继续影响市场。

OECD 预测全球次贷危机损失 3500 亿至 4000 亿美元。

2008 年 4 月 21 日，英国央行宣布，将动用 500 亿英镑的政府债券，调拨商业银行持有的抵押资产，以帮助银行业复苏。

2008 年 4 月 22 日，瑞士央行向市场投放 60 亿美元。

欧洲央行向银行出借 150 亿美元为期 28 天的美元资金。

2008 年 4 月 30 日，美联储降息 25 个基点。

英国 HBOS 增发 40 亿英镑股权，用以提高资本金规模，抵御不断恶化的市场环境。

2008 年 5 月 1 日，英国央行在全球金融稳定报告中指出，次贷亏损可能只有 1700 亿美元，各大银行同意在特别流动性计划中保留最低资产总额。

美国众议院批准总值 3000 亿美元的房屋市场援助计划。

美国财长保尔森认为次贷危机已经过半。

2008 年 5 月 2 日，美联储将 TAF 规模从 500 亿美元扩大到 750 亿美元，同时扩大与欧洲央行和瑞士央行货币互换的额度。

2008 年 5 月 5 日，美联储通过隔夜回购操作向市场注入 110 亿美元的临时储备金。

2008 年 5 月 6 日，美联储提供了总额 750 亿美元的 28 天 TAF。

2008 年 5 月 8 日，美国众议院通过一项法案，建立规模为 3000 亿美元的抵押贷款保险基金，并向房屋所有者再提供数十亿美元的资助。

2008 年 9 月 15 日，欧洲央行当天宣布向商业银行系统注资 300 亿欧元，期限为 1 天，平均利率为 4.39%。

2008 年 10 月 8 日，各大央行同时行动，对金融市场的动荡做出明确回应，接连宣布降息。

美联储宣布降息 50 个基点至 1.5%。

欧洲央行、加拿大央行、瑞士央行、瑞典央行也同时降息 50 个基点。

当地时间 10 月 7 日下午，澳大利亚联邦储备银行将利息下调 1%，利率至 6.0%。

以色列央行宣布，下调利率 50 个基点至 3.75%。

2008 年 10 月 9 日，韩国、日本、中国香港、中国台湾和印尼当局，纷纷放松货币政策，向银行注资。

2008 年 12 月 16 日，美联储将美元基准利率下调至 0~0.25%，超过市场预期的 0.5%。

2009 年 1 月 16 日，欧洲央行再度降息至历史低点。

2009 年 2 月 5 日，英国英格兰银行再次宣布降息，这是英国连续第五个月降息，也是自 2007 年 12 月以来第八次降息。

美国次贷危机引起的世界范围内的金融危机到此暂告一段落。金融危机在全球的横扫，致使许多国家的经济一蹶不振，更多国家的经济陷入低增长，再无往日般的高增长。此次金融危机的善后处理也远未进入公众视野，再回顾一下次贷危机的企业和政府措施，我们可以看到企业是怎样甩锅的，也可以看到政府是怎样救市的。

自 2007 年 2 月 13 日，美国新世纪金融公司发布 2006 年第四季度盈利预警开始，到 2009 年 6 月 1 日美国通用公司申请破产保护为止，美国的投资银行、次贷的放贷公司共有 22 次宣布亏损和申请破产保护。其中，有美国第二大次贷公司申请破产保护等，不仅有美国的公司，欧洲、日本的相关次贷资产公司也纷纷中招，无法独善其身，而深陷泥潭。

身为政府，肯定要救市；不救市，政府就失去了存在的意义。自 2007 年 8 月 10 日欧洲央行出手干预开始，到 2009 年 2 月 5 日英国英格兰银行宣布降息为止，各国政府共计调动资金 17698 亿美元、5300 亿欧元、503.14 亿英镑、150 亿瑞郎、35.7 亿澳元、18000 亿日元。美国及欧洲不遗余力地投入大量资金，以增加货币的流动性，把货币的血液重新流动起来缓解金融危机，逐步复苏经济秩序。为了加快资金的投资流动，美联储及各国央行累计降息达 17 次！

美国及欧洲央行共同打出一套组合拳，首先以频繁向银行注资为先锋，保住银行业，使其保住经济运行的基础。美国与欧洲又在后续不断降息，以促使银行的资金增加自身的流动性。这套组合拳先是输血，然后用降息以活血，终于把一场世界性的危机扼制下来，并逐步走向正规。如果说次贷危机是政府放松监管引起的，则是言过其实，但引发的严重后果，则是由全民与政府买单，这是不争的事实。那么，次贷危机的真凶是谁呢？

恶个体！

每一个经济周期都有显著的特征，而每一个显著的周期特征，必定有优点，亦有缺点。优点大于缺点时经济周期上行，经济得到快速发展。到一段时间之后，经济周期的优点发挥到现有经济框架的极致，经济周期开始下行，而且经济周期显著的缺点则持续放大，加速经济下行，逐步形成经济危机。要结束经济危机，需要新的经济周期开始运行，如果能在经济周期显著优点的顶峰，可以找到并实施新的经济周期显著特点，则可以避免经济危机的发生。

经济规划框架如同人的衣服和鞋子，从一两岁到三四岁，每年都要换大一号的衣服、鞋子一样。如果换得晚了，身体成长快，肯定穿着不舒服。衣服容易破损，破损后就需要修补，而鞋子小了，夹得脚无法正常走路。经济犹如人的身体，无论衣服和鞋子有问题，都会影响到身体的健康。经济危机如衣服破损、鞋子过小一样，都会对身体造成伤害。造成衣服破损或鞋子过小的行为，一定是没有及时更换或者是剧烈运动或危险运动，导致了衣服破损、鞋子破损。导致衣服破损的个人冒险可以称为"恶个体"行为。

真正的经济危机都是由恶个体引起的！恶个体的过分贪婪，是导致经济危机的主因。在全球一体化越来越紧密、越来越高度协同的背景下，恶个体贪婪的最终结果，就是全世界的人都为他买单！也可以说，恶个体贪婪一分，则有全球人帮恶个体买单100分！次贷危机同样也说明了这个问题，这个问题必须由他们来承担责任，而政府更应该加强监管。

从次贷危机后的言论中，已然有明确的答案。2008年4月8日，IMF称全球次贷亏损1万亿美元。

2008年4月9日，国际金融协会代表全球银行业巨头，首次公开承认，在此次次贷危机中负有责任。

2008年4月15日，OECD预测全球次贷损失3500至4000亿美元。

2008年5月1日，英国央行在金融稳定报告中指出，次贷亏损可能只有1700亿美元。

以上四条声明，让我们看清了次贷危机的始佣者及造成的后果。此次次贷危机的直接责任人是全球银行业巨头，他们的直接亏损共计约1352.41亿美元、123.7亿瑞郎及6亿日元。从次贷危机始佣者的损失来看，与英国央行预计的次贷亏损1700亿美元相差不大。当然，银行业巨头的亏损统计结果偏差较大，英国央行的数据准确性可能会更为可靠。但本次次贷危机中，银行业的损失相比给市场与世界经济造成的影响而言，那就是小巫见大巫了。

2008年4月8日，IMF称全球次贷损失1万亿美元。2008年4月15日，OECD预测全球次贷损失3500—4000亿美元。两个机构的两份声明，数据相差一倍多，那谁的数据更为准确呢？笔者认为IMF的数据更为准确一些，全球次贷危机亏损1万亿美元。我们看一组数字，就会明白了：在次贷危机中，各国央行等机构共投放资金中，美元达17698亿美元、5300亿欧元、503.14亿英镑、150亿瑞郎、35.7亿澳元及1800亿日元。各国投入市场的货币资金总量达23000亿美元左右来救市，使次贷危机逐渐平息，但给全球经济造成的余震仍然持续。或许，全球银行业巨头亏损1700亿美元左右，致使全球经济损失1万亿美元左右，却可能致使全球经济产生10万亿美元的市场震荡！

全球银行业巨头，是本次次贷危机的制造者，这是不容置疑的！不仅他们自己公开承认，但他们并没有担责，这才是危机之后的现实问题！一个不想担责的破坏者，后续会更有兴风作浪的胆量！银行业巨头的胆量来源于暴利与薪酬。根据部分资料统计，2006年华尔街金融街从业人员总薪酬高达530亿美元！其中：

高盛集团薪水总额达200亿美元。

首席执行官劳尔德·贝兰克梵，年薪高达6800万美元。

纽约证券主席格拉索，年薪高达1.9亿美元。

雷曼兄弟董事长富尔德，年薪高达4000万美元。

　　银行业巨头的年薪与股票，成为个人贪婪引发公司的贪欲，最终酿成了本次次贷危机，这样说毫不为过。次贷危机后各国呼吁加强监管，却从无一个银行巨头担责与问责！如果把经济比作人体，那就是一个细胞的贪婪引起一个组织的欲望，使一个器官发炎，演变成人体的病痛。解决方案则是外科手术式的治疗，切除病灶，让人体逐步恢复健康。

　　次贷危机的另一个帮凶无疑是美国国会！1982 年，美国国会通过《加恩·圣杰曼储蓄机构法》、1989 年，美国国会通过《1987 公平竞争银行法》《1989 金融机构改革-复兴和实施方案》《金融服务现代法》等几部立法。在不断立法的同时，彻底废除了 1933 年《美国银行法》的基本原则，将银行业、证券业、保险等投资行业之间的壁垒消除，为次贷危机打开了方便之门。

　　2008 年 3 月 13 日，美国财长保尔森和美联储主席伯南克等监管官员将提议对银行资本实行更严格的监管。

　　2008 年 4 月 12—13 日，七国集团（G7）和国际货币基金组织（IMF）召开为期两天的会议，表达了对当前全球金融市场震荡的担心，并要求加强金融监管。

　　从以上两则声明来看，政府的监管放宽是前提，而美国银行巨头以打擦边球为赚取不当暴利为傲。而不当得利催生了银行业巨头天文数字的高薪水，从而使得次贷泡沫化越来越大，最终成为悬在银行业巨头头顶上的天雷。天雷爆炸，炸死的却是无辜的全球民众。由此可见，经济政策与金融制度的初衷都是好的，但由于恶个体走钢丝般的火中取栗，最终引爆自己一手制造的天雷，炸死更多无辜的个人与实体企业。

　　恶个体，是银行业巨头，而又不仅仅是银行业巨头，亦会在不同的行业、产业中存在，只是造成的天雷引爆后的后果有大有小而已。如果监管再严一些，就可以避免吗？不可能！再严的监管都有漏洞，更因为对恶个体的决策负责人处罚力度太小，更使得恶个体铤而走险。立法、刑法、监管三管齐下，才是杜绝恶个体出现扰乱社会秩序的有力措施。也就是说，律法走在经济前面。这就需要律法根据社会的新趋势、新动向，及时地补充律法，以杜绝恶个体出现的机率。目前的律法立法，都落后于社会秩序进步的步伐，也落后于时代发展的脚步。因此，律法立法要走在经济前面，就需要律法立法在宏观上有前瞻性，然后根据时代的发展脚步，不断在律法立法的微观上不断做与时俱进的完善。

第三部分：构建平权秩序

第十章 主权经济的特征

国家主权又称主权，指一个国家独立自主处理自己内外事务，管理自己国家的最高权力。任何国家都有权按照自己的意愿、根据本国的情况，选择自己的社会制度、国家形式，组件自己的政府，独立自主地决定、处理本国内部和外部事务，其他国家无权进行任何形式的侵犯和干涉。国家主权一般体现在以下几个方面：

1. 主权是国家固有的属性，具有不可转让、不可分割和不可侵犯的神圣地位，具有排他性。

2. 主权是国家独立自主地处理内外事务的最高权力。

3. 主权具有两重性：在国内有最高的对内主权，在国际上有独立的对外主权，两者是统一而不可分割的。

4. 主权的内容包括领土完整、政治独立、经济自主和与别国的主权平等。

5. 主权国家是国际法的主体，也是国际关系中唯一的主体。

主权的法律形式对内常规定于宪法或基本法中，对外则是国际的相互承认。主权是国家最基本的特征之一，国家主权的丧失往往意味着国家的解体或灭亡。随着全球化成为时代的趋势，全球化对传统意义的国家主权或主权国家产生了极大的影响与冲击：

1. 所谓"无边界经济"资本的流动无视边界的阻隔，从而冲淡了传统领土主权，以领土主权为屏障维护单方面的经济利益已经越来越难。

2. 互联网的发展使国家行使主权的能力受到制约，国家已不能以绝对的权威控制信息的传播，干预国际间的交流。

3. 由于互相依赖关系的不断加强，许多共同问题的处理，如环境、疾病、恐怖活动等，已不是一国主权范围内的事情，不能有单个国家来承担，需要加大国际权威。

4. 一国领土内的动乱往往影响到邻近国家，因而一国政府同人民的关系如何，能否维持法律和秩序，已不能只视为一国的内政，不容别人干涉。

5. 特别是第四点，已与国家主权渐成对立！国家主权在全球化的背景下，主权壁垒既不能阻碍资本、劳动力、信息和思想的流动与传输，也不能有效抵御外来的伤害和破坏。全球化对国家主权首当其冲的是经济主权！全球化，首先是经济的全球化，首当其冲的就是经济主权的争夺与打压，形成贸易战、关税战等形式。相比较国家主权在政治与军事上的慎重，经济主权却无时无刻、任何行业都深入其中而不能独善其身。

日美贸易战，是典型的国与国之间的贸易战，也就是美日联盟内部的贸易战，尚且如此，更何况美国与其他国家的贸易战。

美日贸易战始于二十世纪六十年代，激化于二十世纪七十年代，而高潮在二十世纪九十年代，基本上与日本制造业的重整、崛起、鼎盛三个阶段相契合。1960—1990 年这三十年间，美日之间爆发了无数次贸易纠纷，行业层面的大型贸易战共计 6 次，宏观层面的贸易战共计

2 次。

1. 纺织品之战（1957—1972 年）。日本纺织品是最早进入美国贸易保护视野的商品。1957 年开始密集通过限制日本纺织品的法案，最终日本以"资源限制出口"的妥协告终。

2. 钢铁之战（1968—1978 年）。日本钢铁业在 1970 年成为对美出口主力，并遭到美国钢铁协会工会的强烈阻击。1977 年美国发起反倾销起诉，日本钢铁在 10 年内 3 次自动限制对美出口。

3. 彩电之战（1970—1980 年）。1970 年开始，日本家电行业崛起，巅峰时期对美出口占彩电出口的 90%，占领美国市场 30% 的份额。1979 年美日签订贸易协议，日本"自愿限制出口"。

4. 汽车之战（1979—1987 年）。1980 年开始，日本汽车成为日本赚取高额贸易顺差的核心产业。日本汽车对美出口狂增，对美国就业造成较大的影响，进而导致全美范围内的抗议潮。美日的汽车贸易战是美日贸易战中最激烈的一场，最终以日本汽车厂家赴美投资建厂、自愿限制出口、取消国内关税等条件达成妥协。

5. 半导体之战（1987—1991 年）。日本凭借低价芯片对美国产业造成巨大冲击。美国以反倾销、反投资、反并购等手段进行贸易保护，最高时对日本半导体相关产品加收 100% 的关税，最终以日本对美出口产品进行价格管控等手段方结束。

6. 电信之战（1990—1995 年）。1985 年在里根与中曾根峰会上，美国用贸易保护条款来敲开日本电信市场的大门。美日共同启动了电信行业的开放，最终移除了日本在电信行业的贸易壁垒，系统地开放了市场。

美、日的贸易战，有着极强的国际背景与美国的国家利益意志在里面。1960 年之后，日本的制造业快速发展，以纺织品、玩具为代表的轻工制品在国际市场中颇受欢迎。而同时期的美国因受第二次石油危机影响而收紧货币，导致美元在国际货币中保持升值，由此加速美日之间的贸易逆差逐渐扩大。1987年，美日贸易逆差达到了最高峰，达到567亿美元。在1985年到1995年之间，美国与日本的贸易逆差占到美国贸易整体逆差的30%—50%。特别是在二十世纪八十年代，日本与美国的巨额贸易差使得日本成为美国最大的债权国。

深受财政赤字和贸易赤字双重困扰的美国，果断采取贸易战和汇率关系调整的方式，试图缓解国际收支逆差。美国对日本的崛起，亦感到十分恐慌，美日贸易战在美日两国博弈中必然发生了。如果说美日之间仅仅是贸易战的话，那么美国通过战争打击欧元，则是在打击欧洲的经济主权了。

在二战后，美国在欧洲推行欧洲复兴计划，特别是马歇尔计划的实施，欧洲各国越来越恐慌欧洲经济的发展在美国的掌控之中，欧洲各国开始希望摆脱美国的控制。这时，法国人建议将法国、西德两国的煤炭与钢铁产量联合在一个组织之下，这个组织叫"法德煤钢联盟或是德法煤钢联盟"。联盟的成立，不仅增加了欧洲国家的团结，更增加了欧洲国家在国际煤钢市场的影响力。这是经济领域内欧洲国家成立的一个重要的联盟组织，后来欧洲各国将这个经验复制到其他产业领域，使欧洲逐步走向了一体化发展的路径。

二十世纪六十年代，欧洲各国对美国在欧洲超强的影响力感到不满，也促使欧洲各国团结起来，努力降低美元对欧洲经济的伤害。转折点即是爆发于二十世纪六十年代初的越南战争，美国为了弥补越南战争中高达几千亿美元的军费，开始大量增加美元的供应，使得美元大幅度贬值。这次美元的贬值，使欧洲各国遭受巨大的损失，更使欧洲国家认识到：欧洲各国需要一种统一的货币来与美元抗衡。

二十世纪七十年代初，美国爆发经济危机，欧洲经济也未能幸免，使得欧洲各国深受货币汇率波动之害，这场经济危机给欧洲各国敲响了警钟。一波未平，一波又起，美国为了转移经济危机，于 1973 年制造了中东战争。中东战争爆发后，产油国联合起来，又制造了石油危机，致使欧洲各国苦不堪言。欧洲各国意识到：必须有一种代表欧洲经济发展水平的货币在国际市场上维护欧洲各国的利益。国际市场上不能只有一种国际货币，如果不能打破这种局面，欧洲经济难以摆脱美元的影响，实现真正意义上的独立。

经过欧洲各国的不懈努力，欧元于 1999 年 1 月 1 日正式诞生！欧元的诞生，对于欧洲各国及国际而言，都是一件大事，足可以与二战后任何一件大事一较高下。欧元代表了欧洲各国的经济意志，更是欧洲经济主权的象征。但迎接欧元的，却是美国在欧洲发行欧元几个月后的科索沃战争。科索沃战争爆发后，致使计划进入欧元区的资金重新规划流向，资金重要的是相对安全稳定的环境，而且最不喜欢因战争带来的不确定与不稳定。在今天看来，美国发动科索沃战争是给了欧元一个下马威，致使大量资金流向了美国。

为了打击欧元，美国可谓不遗余力！一次不行就打击两次、三次！在科索沃战争之后，美国又发动了伊拉克战争。美国通过伊拉克战争不仅是抢夺中东石油的控制权，也是通过石油的定价权来打击欧元。因为欧元在规划之初，即有一个硬伤：只具备央行部分功能而不具备财政部职能。欧元能投放货币，却尚未形成基于欧元的债券市场，债券市场还分布在欧洲各国。

美国希望通过伊拉克战争，拉高石油的价格，而欧洲对石油进口依赖较重，会使欧元面临通胀压力。通胀压力会促使欧洲各国扩大财政赤字，从而引发市场担忧，导致欧元利率下行。伊拉克战争后，欧元受到一定影响，总算是有惊无险。美国一计不成又生一计，美国把导火索扔给了希腊。希腊因为债务指标不符合欧元区的标准而迟迟未能使用欧元。为了加入欧元区，希腊借助美国高盛的操盘，得以成为欧元区中的一员。其后不久，希腊即因高盛为缓解希腊债务比例，而借高盛的资金爆发债务危机。希腊的债务危机，致使欧元区的经济动荡长达十余年，拖累了欧元的国际发展。

国与国之间，从来都是以利益而战，在利益面前，政治、战争、贸易与经济的战争，从未停止过。贸易战的根源是经济的主权之争，也是国家的主权之争。在国际上相对战争减少的同时，经济主权的战争却越演越烈，从反倾销、加关税的贸易战到金融系统的货币战层出不穷。贸易战最终会在政治、军事或其他利益的交换下，双方达成妥协与共识。如果贸易战逐步升级，最终的结果无疑是两败俱伤。

科技经济兴起。

通过贸易战看经济主权，通过经济主权看经济结构的组成，这是常识。贸易本来就是互通有无的问题，本国没有的需要进口来补充空白，本国价高的需要国外低价的进来，反之亦然，这就是贸易的初心与本质。回溯贸易的历史，我们会发现，在工业革命前的贸易是最基本的贸易，是真正的贸易，没有利益之争，那就是互通有无时代的贸易。这个时期的贸易，是原始的贸易，一如原始社会，交易及货物都是微量化的、象征性的。

在第一次工业革命、第二次工业革命之后，跨国、跨洲、跨洋之间的贸易开始逐年上升。从日用品到工业品到机械，不仅仅是交易额在大幅度上升，而且产品的内涵也从手工业到机器化的大规模生产化。这时期犹如奴隶社会阶段，工业革命的先行国向落后国的倾销为主体，利用工业化的优势来赚取暴利。当遇到他国的抵触时，这些工业革命的先行国即认为他国的闭关锁国侵犯了自己的利益，而用船坚炮利的侵略来达到目的。对于这一时期的贸易而言，是资本主义国家利用工业革命的先发优势，向全世界寻求贸易的交易。

资本主义出现的本质，是以工业制成品的高附加值出口为导向，以军事优势为辅助的显著特征，来向全世界进行白银争夺为目的，达到本国资本市场的稳定，他国货币动荡而国事危难的目标。英、法、德、美、西、荷等国家的工业化先行，利用先行先发优势，推动贸易自由化，在国际市场进行掠夺。没有一个国家的主权愿意被侵犯，没有一个国家的主权愿意拱手相让，战争也就无处不在，进而开战了。从鸦片战争到一战、二战，都是这个本质在里面。贸易战的根源是经济主权，经济主权事关国家主权，在不可妥协之时，战争是一个必然的选项。

在二战后期，美国主导了国际的货币支付体系、贸易组织与新的国际秩序，使得国际间的贸易战有了新的内涵。特别是在第三次工业革命后，美国对国际贸易的秩序起到主导与管制的作用，这犹如封建的专制社会，比奴隶社会大有进步，利弊同现。第三次工业革命是突飞猛进、颠覆性的。第一次工业革命是以个人的经验为创新的起点，带动社会的变革。第二次工业革命是以理论创新在前、个人发明在后的个人式科技创新为特点，带动社会变革。这两次工业革命的起点低，却使先行国从农业国完成向工业国的转变，特别是形成了良好的工业社会主体秩序。

第三次工业革命是以核能、生物技术、信息技术为显著特征的创新式发展。与前两次工业革命不同，第三次工业革命是以国家意志与国家力量的创新为标志的。例如：原子能、核武器，美国最先制造并实验成功，并把核武器进行战争中的实战应用，为二战的结束奠定了基础。英国、苏联、法国、中国相继研制成功，并在原子弹的基础试上，成功试爆了氢弹。以此核武器的研制与实验成功，这远不是个人发明所能达到的高度，这就是举国之力、举全国之人才进行国家的集体科技创新。

第三次工业革命带来的生物技术、信息技术等，更是对社会的形态与思想进行了颠覆式的创新。特别是信息技术的应用，使地球真正地成为了地球村，让信息的透明度与传递达到最优化。如果用信息传递的速度来评价：原始社会信息传递每天不过百里，农业社会信息传递每天不过千里。而今，信息的传递，每秒即以万里以上的速度在传递，传递信息的速度决定了人类的效率与决策的有效准确性。信息技术下，已经没有信息孤岛，让人人因信息而平等，因信息而学以致用。

第四次工业革命已然闯进现实！从德国最先提出工业4.0开始，各国相继推出工业4.0的相关政策，为的就是抢占工业4.0的国际标准，为本国谋取更大的利益。第四次工业革命是继蒸汽机革命、电气技术革命、计算机信息革命后的又一次技术革命。第四次技术革命是以人工智能、清洁能源、量子技术、机器人技术、可控核聚变、虚拟现实及生物技术为主的技术革命。

2006年，德国政府通过《高技术战略2020》，该文件的重点为《未来项目——工业4.0》。德国政府从2010年到2013年为高新技术战略大约投入270亿欧元。

2013年，德国汉诺威工业展览会于4月7日至11日举行，全球65个国家和地区的5000多家公司参展。中国以近600家参展商的规模成为东道主德国以外的最大参展国。在为期5天的展会中，"工业4.0"概念备受关注。作为工业领域的全球盛会，汉诺威工业展览会推动了"第四次工业革命"。

作为德国"工业4.0"的对标，2015年5月19日，中国国务院正式印发了《中国制造2025》。

2011 年，美国推行"美国先进制造业伙伴关系计划"。

2012 年，美国制定"美国先进制造业国家战略计划"。

2013 年，德国推出"工业 4.0 战略实施建议"。

2013 年，法国制定"新工业法国战略"。

2014 年，日本推出"日本制造白皮书"。

2015 年，中国推出"中国制造 2025"。

各个经济大国、制造业大国不约而同地推出自己的第四次工业革命计划，这不仅是表态，更是争第四次工业革命的先发优势，各国都在争第四次工业革命的工业标准。

第四次工业革命最大的核心，是以信息技术与制造业的深度融合为主导。而这个深度融合的前提是以信息技术的高度发达、高度成熟为前提，成为整个制造业的"中枢神经系统"。只有让制造业有了中枢神经系统，才能让制造业高度智能化、高度自动化，从而达到各国工业4.0，也就是第四次工业革命的本质核心。

在争夺第四次工业革命市场红利的背景下，信息技术作为整个新工业革命的中枢神经系统，自然成了各国争先发展、争夺的核心。作为世界上经济、军事实力最强的美国，自然不肯放过这个重大机遇。美国清楚地看到，以中国华为、中兴为代表的信息技术企业，不仅仅是蚕食了美国、欧洲众多信息技术企业的国际市场，而且以强大的技术研发能力，不断在本行业的国际标准制定中加大占比。国际标准的制定，在以前只是美国、欧洲等企业来制定。卧榻之下，岂容他人鼾睡？这也是美国全力打压华为、中兴的真正原因。但第四次工业革命的国际标准之争才刚刚开始。

科技有国界。

科技是有国界的！这一点毋庸置疑。中华人民共和国成立后，多次受到美国与苏联的核讹诈，使得新中国老一辈革命家们发出了"就是当了裤子也要把原子弹搞出来"的悲壮之语。

1950 年，中国人民志愿军在抗美援朝战争中取得节节胜利。当时美国总统杜鲁门为了挽回战局，多次企图对中国使用原子弹。

1952 年，时任美国总统的艾森豪威尔下达命令，将携带核弹头的导弹秘密运至日本冲绳，为向中国发射而做准备。毛泽东主席意识到：美国当权者动辄就要向我国进行核讹诈，就是因为我们没有核武器。

1955 年，毛泽东主席专门召集了会议研究原子能事业。李四光则带来一块铀矿石，用仪器做了探测铀矿石的操作演示。会后，毛泽东主席做出了发展原子能事业、研制原子弹的决定。中共中央对原子弹的指导方针是：自力更生为主，争取外援为辅。中国开始了研制核武器艰巨而又伟大的征程。

1957 年 10 月，中国同苏联签订了国防新技术协定，主要内容是援助中国研制原子弹。苏联援助中国研制原子弹的协议，只执行了一年多，中苏两党出现政治分歧，进而扩大到国家关系恶化。

1960 年 8 月 23 日，苏联将在中国核工业系统中工作的 200 多名苏联专家全部撤回苏联，同时把重要的图纸资料全部带走。更为严重的是，苏联原来援助中国建设的核工业，有的建设了一半，有的还未完全建成，苏联即时停止向中国提供原来订购的配套设备。

在严峻的形势下，毛泽东主席发出：只有一条路，自己动手、自力更生搞出原子弹的口号。中央领导对此进行多次讨论，周恩来总理和陈毅、贺龙、聂荣臻、叶剑英等中央领导坚决支持研制原子弹继续进行。

当时陈毅有一个代表性的说法：就是当了裤子也要把原子弹搞出来。最后，毛泽东主席亲自拍板，研制原子弹继续进行。

在三年国家经济最困难的时候，在研制原子弹的罗布泊基地，研制人员每人每月的粮食供应仅有 10 公斤，并且几乎没有副食。一度出现过断炊，罗布泊的榆树叶、沙枣树仔，甚至骆驼草，都被研制人员采来充饥。当时的国防科委主任聂荣臻号召全国征粮，说："我们科技研制人员太苦了，他们能不能活下来，是关系到国家前途和命运的大事。"

1960 年 11 月，铀矿冶研究所完成了 2 吨二氧化铀的生产任务。当年 12 月，又生产出 80 公斤四氟化铀、六氟化铀，解决了原子弹所用原料的要求。

1962 年 9 月，二机部 9 所提交了中国第一颗原子弹的初步理论设计方案。

1962 年 12 月 4 日，中央专委批准了二机部有关原子弹研制的《两年规划》，确定 1964 年爆炸原子弹的目标。

1963 年 5 月，刘杰、吴际霖、李觉、朱光亚等人以苏共中央 1959 年 6 月 20 日拒绝再提供援助的来信为由，为中国第一颗原子弹起了一个代号"596"。

1964 年 1 月 14 日，兰州铀浓缩厂生产出浓缩铀—235 产品。

1963 年 3 月，原子弹所用核燃料铸件铸造成功。

1963 年 12 月 24 日，原子弹中子爆轰试验在青海核研制基地获得成功。

1964 年 6 月 6 日，在青海基地进行爆轰试验，即 1∶1 爆轰中子试验，这意味着真正的原子弹爆炸试验即将到来。

1964 年 8 月，"596 定型"。共做两颗原子弹，一颗用来实验，一颗备份。

1964 年 10 月 11 日，毛泽东、周恩来等批准了张爱萍、刘西尧的报告，同意从 10 月 15 日至 20 日之间视情况决定启爆日期和时间。

1964 年 10 月 16 日 15 时，代号"596"的中国第一颗原子弹在新疆罗布泊爆炸成功，中国从此成为核俱乐部的第五个成员。

中国原子弹的爆炸成功，并没有立刻结束美苏的核威胁与核讹诈。相反，西方记者反而嘲笑中国是有弹无枪。原子弹爆炸的成功，是静态的，而核武器的要求是动态，必须用导弹把原子弹发射到军事目标并爆炸，这才是核武器的真正成功！

邓小平说过："如果六十年代以来中国没有原子弹、氢弹，没有发射卫星，中国就不能叫有重要影响的大国，就没有这样的国际地位。这些东西反映一个民族的能力，也是一个民族、一个国家兴旺发达的标志。"

新中国百废待兴，面对国际上严峻的核讹诈形势和军备竞赛的发展趋势，以毛泽东主席为核心的党中央第一代领导集体毅然做出发展导弹、核弹、人造地球卫星，突破国防尖端技术的战略决策。

1956 年，研制导弹、原子弹等被列入中国的 12 年科学技术发展规划。

1958 年 4 月，甘肃酒泉开始建设导弹发射基地。

1960 年，中国成功试射第一枚自主研制的导弹。

1966 年 10 月 27 日 9 时，东风二号核导弹点火升空，9 分 14 秒后，核弹头在距发射场 894 公里之外的罗布泊弹着区靶心上空 569 米的高度爆炸。

1967 年 6 月 17 日上午 8 时 20 分，中国第一颗氢弹爆炸成功。

1970 年 4 月 24 日 21 时 35 分，人造卫星东方红 1 号，在长征 1 号运载火箭的搭载下进入太空。

新中国两弹一星决策与实施的成功，有力地奠定了中国是有影响力的大国地位，更是打破了西方国家对中国的嘲笑与技术封锁。中国用实力证明了自己，也正是在这段时间，深刻地体验了"科技是有国界的"这句至理名言。

以美国为首的资本主义国家，对中国高科技产业的封锁体现在各个领域，至今一成不变。根据相关统计，中国在关键核心技术上，有200多项至今被外国卡脖子。其中，最关键的35项核心技术，中国与国际水平相差太远，远不是我们奋斗十几年就可以解决的。我们要认清的是，科技有国界，更有国家属性，特别是在军事高科技领域。高科技、尖端军事技术就是镇国之宝，怎么会轻易予人呢？

中国北斗导航定位系统是中国近些年来最伟大的技术突破之一。在中国北斗导航定位系统建成之前，国际上有三大导航系统，分别是美国的GPS、俄罗斯的格洛纳斯与欧洲的伽利略。

GPS系统是美国20世纪70年代开始研制，主要为海陆空三大领域提供实时、全天候和全球性的导航服务，并用于情报收集、核爆监测和应急通信等一些军事目的。经过20多年的研制和实验，耗资300亿美元，到1994年全球覆盖率高达98%的24颗GPS卫星布设完成。

格洛纳斯是苏联从20世纪80年代开始建设、与美国GPS相似的卫星定位系统，覆盖范围包括全部地球表面和空间。虽然格洛纳斯系统的第一颗卫星早在1982年就已经发射升空，但受苏联解体的影响，整个系统发展缓慢。直到1995年，俄罗斯耗资30亿美元，终于完成了格洛纳斯的组网工作。格洛纳斯由俄罗斯国防部控制。

欧盟发展"伽利略"卫星定位系统的目的，是为了减少欧盟对美国军事和技术的依赖，打破美国对卫星导航系统市场的垄断。法国前总统希拉克曾表示，没有"伽利略"计划，欧洲"将不可避免地成为附庸，首先是科学和技术，其次是工业和经济"。伽利略卫星导航系统建立于 2008 年，总投资 35 亿欧元，是欧洲自主的、独立的民用全球卫星定位导航系统。伽利略提供高精度、高可靠性的定位服务，实现完全非军方控制、管理，可以进行覆盖全球的导航和定位服务。

北斗卫星导航定位系统是中国自行研制的全球卫星定位导航系统，是继美国 GPS、俄罗斯格洛纳斯及欧盟伽利略之后的第四个成熟的卫星导航定位系统。北斗系统可以在全球范围内全天候、全天时为各类客户提供高精度、高可靠的定位、导航、授时服务，并具备短报文通信能力。北斗卫星导航定位系统除了在国家安全领域发挥重大作用外，还服务于国家经济建设，提供监控救援、信息采集、精准授时和导航通信等服务。北斗卫星导航定位系统是中国自主建设、独立运行，并与世界其他卫星导航系统兼容共用的全球卫星导航系统。

从技术和应用前景来看，这四大卫星导航定位系统各有优劣：美国 GPS 胜在成熟、欧盟伽利略胜在精准、俄罗斯格洛纳斯胜在抗干扰能力强。而中国的北斗卫星导航定位系统则胜在互动性和开放性，北斗导航定位系统不仅能使用户知道自己的位置，还可以告诉别人自己的位置，特别适合于需要导航与移动数据通信场所。

中国北斗卫星导航定位系统的建成与使用，使中国摆脱了受制于人的现状。更为可贵的是，北斗卫星导航定位系统极大地提升了国家安全，打破了国际的技术垄断，更是打破了"科技是有国界的"对我国的封锁。

创新无国界！

创新是没有国界的，而且很多都是共享的，如人的思想、哲学、理论、艺术、文化等。在工业革命前，物理学界涌现出杰出的物理学大师，创建理论，为后来的工业革命奠定了基础，如M-法拉第。

1831年，法拉第发现了著名的"电磁感应定律"，并用磁力线的模型对定律进行了阐述。法拉第的电磁感应实验将机械功与电磁能联系起来，证明两者可以相互转换。麦克斯韦进一步提出：电磁场中有一定的能量密度，即能量定域于场中。根据这个理论，J·H·坡印廷于1884年提出在时变场中能量传播的坡印廷定理，矢量EXH代表场中穿过单位面积上单位时间内的能量流。这些理论为电能的广泛应用开辟了道路，为制造电动机、发电机、变压器等奠定了理论基础。

波利特·皮克西在1832年基于迈克尔·法拉第的原理制造了第一台交流发电机。

1882年，英国电工詹姆斯·戈登建造了大型双相交流发电机，开尔文男爵威廉·汤姆森与塞巴斯蒂安·费兰蒂开发早期交流发电机，频率介于100赫兹至300赫兹之间。

1891年，尼古拉·特斯拉取得了"高频率"交流发电机的专利。尼古拉·特斯拉虽不是交流发电机的最早发明者，但对其交流电的改进如同瓦特对蒸汽机的改进一样，有杰出的贡献。

1897年，特斯拉使马可尼的无线电通信理论成为现实。1898年，特斯拉制造出世界上第一艘无线电遥控船，无线电遥控技术取得专利。1899年，特斯拉发明了X光摄影技术。特斯拉的发明包括收音机、传真机、真空管、霓虹灯管、飞弹导航等。

从电磁理论到电动机、发电机的实际应用可以看到，电磁理论的创建者是英国人，而在电机、发电机及电力传输中交直流之争中取胜的，都是塞尔维亚籍美国人。再从另一个方面来看，理论的创建者是人类知识与科学的开创者，他们的理论是属于全人类的，这是社会发展的福祉。他们的理论创新是没有国界之分的，如麦克斯韦在法拉第的理论基础上更进一步，提出总结的电磁理论。这种创新是不分国界的，都在发挥开创精神，为社会的学科发展做出卓越贡献。

科技有国界却是从发明开始的。从以上的文章中可以看到，电磁理论的开创者，不会取得社会上的效益。而根据理论发明电动机、发电机、交流电的特斯拉，一生中申请的发明专利却超过 1000 项！根据专利法的规定，专利的发明人拥有专利的所有权，而由专利制造的产品，知识产权亦属于发明人。例如，诺贝尔的炸药、爱迪生的灯泡等。这些发明家，同时又是企业家的人，都是当时最富有、最有影响力的人之一。发明家在物理、化学理论的基础上，犹如站在巨人的肩膀上，由理论到产品创新的应用发明，完成了理论到产品承上启下的最后一步。发明家的科技创新，是以知识产权保护为前提的；谁发明，谁得益、得利，这就是市场力量决定的。

科技创新是延续理论创新的起点，也是各个国家科技水平的体现。在科技创新领域，中国作为一个工业革命的后发者，在理论创新方面没有大的突破，却在科技创新的领域有着极大的优势：

首先是中国科技人员多。根据相关统计，中国约有 3500 万人科技人员，位居世界第一，这是中国未来发展的主力军。

其次是中国近些年的创新实力大大增强。如第 5 代移动通信技术（5G），中国公司华为、中兴、中国移动等合计持有 5G 国际标准专利约 40%，为世界第一。

中国的高科技企业正在技术专利化、专利标准化、标准国际化的模式上走得更远、更快，成为未来国际竞争的核心力量。当然也要清醒地看到，以美国为首的战后秩序的主导者，对中国高科技企业的蓄意打压，不仅仅是基于国际市场的竞争，更是基于对未来军事变革、工业变革主权的争夺，才刚刚开始。基于这种竞争是在地球国际秩序的规则之内的竞争，走向太空、走向星际的科技与经济，美国还有能力进行打压吗？

星际经济——平权经济的开始。

1942 年，德国发射了世界上第一枚弹道导弹 V-2 火箭，开启了人类航空航天史的开端。美国和苏联研制的各型导弹武器相继问世，形成了武器系统，同时积累了研制运载火箭的经验。

1957 年 10 月 4 日，苏联用改装的 P-7 洲际导弹把世界上第一颗人造卫星送入太空。

1961 年 4 月 12 日，苏联首次将载有世界上第一名宇航员尤里·加加林的"东方 1 号"宇宙飞船送入离地球 181—327 公里的空间轨道。

1963 年 6 月 16 日，苏联女航天员捷列什科娃乘"东方 6 号"进入太空，绕地球 48 圈，在轨道上运行了 70 小时 50 分钟，成为世界上第一位女航天员。

1965 年 3 月 8 日，苏联发射了"上升 28 号"飞船。该飞船有两名宇航员，分别是列亚耶夫上校和列昂诺夫中校。其中，列昂诺夫中校在舱外空间环境中行走了 12 分钟，成为世界上太空行走第一人。

1966 年 3 月 16 日，美国宇航员阿姆斯特朗和斯科特乘坐"双子星座"飞船，与无人"阿金纳"目标飞行器对接，首次实现了两个航天器之间的对接。

1968 年 12 月 21 日，美国土星 5 号火箭发射升空，携带的"阿波罗 8 号"飞船在 12 月 24 日上午抵达了月球轨道并进入环绕月球的轨道运动，这是人类历史上第一次绕月飞行。

1969 年 7 月 20 日，美国"阿波罗 11 号"登月舱在月球"静海"区安全着陆，美国宇航员 N. A. 阿姆斯特朗和 E. E. 奥尔德林登上月球，使人类探索太空的成就达到新的高峰。

1970年6月1日，苏联发射了联盟9号飞船，于6月19日返回地面，成为在太空飞行时间最长的飞船。

1971年4月19日，苏联发射了世界上第一座空间站"礼炮1号"，开辟了载人航天的新领域。

1981年4月12日，美国第一架航天飞机"哥伦比亚"号在卡纳维拉尔角肯尼迪航天中心发射成功。这架航天飞机总长约56米，翼展约24米，最大有效载荷29.5吨。航天飞机的核心部分轨道器长37.2米，可以重复使用1000次，揭开了航天史新的一篇。

1986年2月20日，苏联成功发射了"和平"号空间站的核心舱，从此开始了新型空间站的建设。在"和平"号空间站运营期间，共有31艘载人飞船、62艘货运飞船与其对接，共进行大约16500次科学实验，完成23项国际科学考察计划。2001年3月23日，"和平"号空间站坠落于南太平洋预定海域。"和平号"空间站在太空运行15年时间，成为人类历史上飞行时间最长的空间站。

1994年1月8日，俄罗斯航天员波利亚科夫，乘坐联盟TM-18到达"和平"号空间站，于1995年3月22日乘坐联盟TM-20飞船返回。波利亚科夫在空间站停留437天17小时58分4秒，围绕地球运行7075圈，创下了世界上最长的单次太空飞行记录。

2010年，国际空间站建成，长108米，宽88米，总重量4230吨，有6个实验室、33个有效载荷柜，成为人类最大的空间站。

相比较美苏两国，新中国成立时间晚，工业革命更是第一次工业革命、第二次工业革命、第三次工业革命并行，加速追赶国际水平。在航天史上也不例外：

1960年2月19日，中国自行设计的实验型液体燃料火箭首次发射升空。

1970年4月24日，中国第一颗人造卫星"东方红1号"发射成功。

1975年11月26日，中国第一颗返回式卫星成功发射，三天后按计划返回地面。

1981年9月20日，中国第一次用一枚火箭发射3颗卫星，拉开了中国一箭多星的大幕。

1982年10月12日，中国首次成功以潜艇从水下预定海域发射运载火箭。

1990年4月7日，长征三号运载火箭成功发射美国制造的亚洲一号通信卫星，标志着中国正式进入国际航天发射市场。

1999年11月20日，中国第一艘载人实验飞船"神州一号"在酒泉卫星发射中心发射成功。

2000年10月31日，中国自行研制的第一颗导航定位卫星"北斗导航试验"卫星在西昌卫星发射中心发射升空。

2003年10月15日，中国航天员杨利伟乘坐"神州五号"飞船进入太空并安全返回，中国首次航天载人获得圆满成功。

2007年10月24日，嫦娥一号发射成功，中国首次月球探测取得圆满成功。

2011年3月14日，中国神舟八号和天宫一号两次空间无人自动交会对接，完成中国自动交会对接技术的突破。

2016年8月16日，中国成功发射世界首颗量子科学实验卫星"墨子"号，使中国在世界上首次实现卫星与地面之间的量子通讯。

2017年4月20日，中国首艘货运飞船天舟一号发射成功，与天宫二号实现交会对接，完成推进剂在轨外补加。

2018 年 12 月 8 日，长征三号乙运载火箭成功发射嫦娥四号探测器，开启人类首次月球背面着陆。

2019 年 7 月 25 日，中国民营航天运载火箭首次成功发射并高精度入轨，北京星际荣耀成为除美国以外全球第一家实现火箭入轨的民营企业。

在航空航天领域，中国奋起直追。从第一颗人造卫星、第一颗返回式卫星到第一艘载人飞船、第一个空间站及墨子号量子通信卫星，中国一直在加快追赶的路上。而我们从美苏的航天发展历程中也清晰地看到，美苏从发射第一颗人造卫星到第一次登月，这是美苏在宇航领域竞争的高峰期。自苏联发射世界上第一座空间站到美国发射航天飞机为标志，则是美苏在航天领域的第二次较量。从此以后，在航天领域的大事件逐步减少，而中国则恰恰在这个阶段开始了长足的进步，逐渐追赶了上来。

中国主张和平利用外层空间，积极参加国际合作。因为航天事业需要强大的工业基础、物力、财力和众多的人才，而空间研究和利用具有全球性的特点。尽管国际航天合作受到复杂国际关系的制约，但随着航天技术的发展，合作的规模仍不断扩大，形式和内容日益多样化。

尤为值得庆幸的是在航天领域，是没有谁来主导国际空间秩序的，因为参与到航天领域，靠的是尖端的技术说话，而不是规则与秩序。因此，航天领域是国际上最为平等、权力相同的一处净土！在地球的外层空间，谁开发谁利用，这就是最好的注解；前提是，你必须有开发地球外层空间的技术实力。

根据数据统计显示，截至 2019 年 1 月 9 日，美国拥有卫星数量为 1327 颗，数量上遥遥领先各国。

中国位居亚军，拥有卫星 363 颗。

俄罗斯位居第三，拥有卫星 169 颗。

日本位居第四，拥有卫星 87 颗。

英国位居第五，拥有卫星 63 颗。

印度位居第六，拥有卫星 58 颗。

在全球卫星产业链中，涵盖了工业制造、发射、服务等细分行业，形成了卫星产业链的细分和专业化发展。

2012—2018 年，全球卫星制造业收入有波动；自 2016 年以后，卫星制造业稳步上升。2018 年卫星制造业总收入为 195 亿美元，产值增长 26%，其中：美国卫星制造业收入 115 亿美元，占比 59%；其他国家卫星制造业收入 80 亿美元，占比 41%。

2018 年地面设备制造业总收入为 1252 亿美元，较上年增长 5%。其中：消费设备收入 18 亿美元。GPS 导航设备收入 933 亿美元。网络设备收入为 138 亿美元。导航设备和网络设备收入都有增长。

2012—2017 年，全球卫星服务业收入逐年增长。2018 年，卫星服务业总收入为 1265 亿美元，仍占卫星产业的最大份额。从卫星服务收入构成来看，卫星电视直播和卫星通信，共计占卫星服务业收入比重的 90%，其中：

卫星电视直播收入为 942 亿美元，占比为 74.4%。

卫星音频广播收入为 58 亿美元，占比为 4.58%。

卫星宽带业务收入为 24 亿美元，占比为 1.97%。

卫星固定通信业务收入为 179 亿美元，占比为 14.14%。

卫星移动通信业务收入为 41 亿美元，占比为 3.24%。

遥感领域收入为 21 亿美元，占比为 1.66%。

通过卫星服务产业的业务构成，我们可以清晰地看到，卫星服务与我们的日常生活越来越紧密，越来越难以分开。卫星电视直播，是我们生活中的重头戏。在中国每个省台都已经是上星的节目，也就是我们说的省级卫星电视频道，节目资源丰富。国与国之间的卫星电视直播，更是重中之重。在中国可以看实时直播的英超、意甲、德甲等足球联赛，也可以看美国的 NBA 联赛，这就是卫星电视直播的魅力。根据国际足联的统计数据，2018 年世界杯期间，这项为期一个月的赛事，总共吸引了全球约 35.72 亿人收看。其中，通过电视收看比赛转播的约有 32.62 亿人，通过数字平台以及在公共场所收看转播的约有 3.10 亿人。不得不说，卫星电视转播已经成为卫星服务业中的主要创收源，更是让全球娱乐一体化的速度时差接近为零。

2018 年卫星宽带业务收入为 24 亿美元，占比 1.97%。卫星宽带业务收入虽然占比低，却有极大的空间。一如通讯产业，从 1G、2G、3G、4G 到已经开始的 5G，移动通信也从通话、短信进入高速移动互联网阶段。可以说，5G 会是未来 10 年、20 年内的工业神经中枢系统，更是人人手持设备的核心连接端，更是汽车自动驾驶的基础核心之一。在未来 10 年、20 年，怎么夸大 5G 的作用与应用都毫不过分！但马斯克却提出了颠覆性的计划。星链计划是美国商业航天企业空间探索技术公司首席执行官埃隆·马斯克于 2015 年 1 月宣布的一个项目。

星链计划是一个大胆的奇思妙想。星链计划拟于 2019 年至 2024 年间在太空搭建一个有 12000 颗卫星组成的网络。其中，将 1584 颗卫星部署在地球上空 550 千米的近地轨道，7500 颗卫星部署在距地球 340 千米的近地轨道，2825 颗卫星部署在 1150 千米的远地轨道，最终目标是为整个地球全天候提供高速低成本的卫星互联网。

2019 年 5 月，首批 60 颗星链卫星送入轨道。至今，已经发射了七批共计 420 颗卫星。2019 年 10 月 16 日，空间探索技术公司又将星链计划中的卫星发射总量从 12000 颗更新到 4.2 万颗。其中，1.2 万颗卫星

计划已获批准，3 万颗计划已提交申请。马斯克计划 2020 年底将 1500
颗卫星送上太空，其他卫星将于未来几年发射。

　　按照马斯克的设想，星链计划通过大量低轨卫星对全球实现完整覆
盖。在网速方面，星链至少提供 1Gbps/秒 的宽带服务，这个网速是目
前家庭宽带速度的 5—10 倍，最高网速可达 23Gbps/秒——超高速宽带
网络。由此来看，星链计划能否替代地面 5G、光纤网络、固定宽带以
及未来的 6G 呢？

　　从网络时延特征来看，星链的轨道高度约为 550 千米，信号从地面
到空中再返回地面的时延已达 3.6ms，无法达到 5G 网 1ms 级端到端的
时延要求。从系统总体带宽来看，整个星链前期的 3200 颗卫星将达到
64Tbps 带宽。而目前全球基站近 600 万座，以每个基站 1Gbps 的带宽计
算，总带宽超过 6000Tbps，两者差距巨大。从应用场景来看，星链的应
用场景主要在人口密度低、光纤网络铺设成本高、蜂窝网络回报价值低
的偏远地区，主要以 2B 业务为主。基于移动通信更新换代的规律，以
及从网络时延、系统总体带宽和应用场景三大指标分析，星链计划不可
能替代现有的地面通讯及未来的 6G。

　　再换一个角度看星链计划，马斯克原计划星链计划共需要 1.2 万颗
卫星，后来又申请增加 3 万颗卫星，共计约 4.2 万颗卫星来完成整个星
链计划。在 4.2 万颗卫星组网后的星链计划可以向全球提供无死角的宽
带及通讯应用，以达到 1Gbps/秒 的宽带服务，最高可达 23Gbps/秒 的超
高速宽带服务。由此可见，卫星宽带服务会在未来 10 年、20 年内成为
一个庞大的收益市场。马斯克就是要用 4.2 万颗卫星，与现有的全球
600 万座基站去竞争，从这个数量比上来看，是有些小，但相对而言，
一颗卫星的覆盖面积是远远大于数十倍的基站的。一颗卫星，就是数个
基站，也就是说，把更高端的基站部署在太空，仅此而言，在这一方面

的创新度并不是很大。星链计划真正的创新是在运载火箭与卫星制造的成本巨大降幅上来实现的。

卫星的发射成本过高是以前航空航天面临的现实问题。根据相关数据显示，2012—2018 年，全球卫星发射服务业收入规模总体维持在 46 亿—65 亿美元之间。其中，2018 年卫星发射服务总收入 62 亿美元，共计有 114 次轨道发射。114 次轨道发射中，93 次是商业发射，15 次是空间飞行器发射，6 次为军用发射。按照 62 亿美元的发射服务总额，除以 114 次的发射次数，单次发射成本约为 5438.6 万美元。由此可见单次发射的成本偏高，这也是制约卫星总量小的原因之一。

"火箭的浪费程度就像一架波音客机飞一次就报废一样。"马斯克说这句话时，正是在 2002 年找到 TRW 火箭工程师、波音公司火箭测试主管、NASA 顶尖工程师等，一起合作成立 spacex 公司时讲的。

2006 年，猎鹰 1 号火箭研制成功。

2008 年，成功发射了 Falconl。

2010 年，猎鹰 9 号发射成功。

2015 年，spacex 宣布星链计划。

2020 年 6 月 4 日上午 9 时 25 分，猎鹰 9 号携带第八批星链卫星发射成功，而且依然是一箭 60 星！更为惊奇的是，本次发射使用的猎鹰 9 号第一级火箭，已经重复使用过 4 次，本次发射是猎鹰 9 号第一级火箭的第五次发射使用。在本次发射 8 分钟后，猎鹰 9 号第一级火箭从天而降，精准平稳地落在无人回收船上。首次实现一枚火箭 5 次回收，一举刷新火箭回收纪录。

再分析猎鹰 9 号的发射成本：

全新的猎鹰 9 号火箭，第一级的成本约为 3534.2 万美元。

第二级的成本为 812.4 万美元。

测控成本 1242 万美元。

利润 621 万美元。发射报价 6209.2 万美元。

猎鹰 9 号新火箭的发射报价 6209.2 万美元，与 2018 年国际火箭发射服务单次平均报价 5438.6 万美元相比，差距不大，毕竟这主要看发射载荷。而从猎鹰 9 号可以做到一箭 60 星来看，猎鹰 9 号的发射载荷绝不会小，只会更大。当猎鹰 9 号火箭的第一级可以重复使用时，第一级火箭的检测维修成本控制在 295 万美元以内，这是一个巨大的变化。

第一级火箭的成本为 3545.2 万美元，如果重复使用 3 次，猎鹰 9 号的发射报价可以为原来报价的 63.1%。而当第一级火箭可以重复使用 8 次，猎鹰 9 号的发射报价仅为原报价的 50%，也就是 3104.8 万美元。这个报价，与国际发射市场的 5438.6 万美元相比，仅是国际市场报价的 57%！整整便宜了 2333.8 万美元！马斯克用第一级火箭的重复使用颠覆了传统的运载火箭发射成本观念，更使马斯克的星链计划成功了一半。

马斯克星链计划的成功，另一半则是卫星制造成本的降低！我们熟悉的人造卫星，在 GPS、北斗等组网卫星以前，卫星都是一星一图纸、一星一制造，由此造成人造卫星的成本高昂！根据 2018 年的相关数据，2018 年，卫星制造总收入为 195 亿美元，而 2018 年共有 114 次轨道发射，以此测算，每次发射的卫星价值约 1.71 亿美元。当然，每次发射是以一箭多星为主，但单次发射卫星总价也达到了 1.71 亿美元。马斯克 spacex 的星链卫星单价在 80 万—100 万美元之间，用一箭 60 星来计算，猎鹰 9 号一次发射的卫星总价值仅为 4800 万美元至 6000 万美元之间！

马斯克星链卫星的成本为什么这么低？笔者总结就是单功能的大量复制。每颗星链卫星重量约 227 千克，装备多个高通量天线和一个太阳能电池组，使用以氙为工质的霍尔推进器提供动力，配备星敏感器高精度导航系统。也就是说，马斯克的星链卫星是以这四个方面的配置组成的。其中，太阳能电池组件是这四个组件中成本最低的。星链卫星装备的多个高通量天线和霍尔推进器，是卫星中价值的核心。

看明白星链卫星的配置，或许还不是成本的总体。这样的卫星，发射总量以 12000 颗到总计划的 42000 颗时，制造卫星已从传统的单一制造升级到流水线式的大批量制造。根据马斯克公布的资料，星链卫星的产量已达日产 6 颗！这可是卫星制造史上的创举，但更多的创举肯定还要不断更新。42000 颗星链卫星发射计划，需要的是制造卫星速度的加速再加速，或许在未来的两年内，每天的卫星制造达到十几颗、几十颗也是意料之中的事。大批量、单一规格的采购与制造，极大地降低了星链卫星的成本，更是加快了星链卫星的产能，一举多得。

马斯克，一个自学成才的天才颠覆者！从电动汽车特斯拉的成功，转向猎鹰 9 号运载火箭的成功，一个颠覆了汽车行业，一个颠覆了运载火箭发射市场。马斯克的成功，不是异想天开的偶然，而是用科技创新去颠覆商业模式，创建自己的科技模式。星链计划也最终走向成功，只是再过几年时间而已。

马斯克的成功，给全世界一个启示：在后工业社会、信息社会，唯有科技创新，才是不受秩序束缚的！也唯有用科技创新，去引领新的世界秩序。相信，随着星链计划的发展，星际经济不仅会引起全球性的星际经济竞赛，更会成为地球外空间秩序的建设规划起点。

第十一章　向平权经济迈进

"人人生而平等，造物主赋予人们若干不可剥夺的权利，其中包括生命权、自由权和追求幸福的权利。"

这是美国独立宣言中的一句话，起草人是托马斯·杰斐逊、约翰·亚当斯等人。人人生而平等，这是人作为高等智慧动物的特征之一。已经经过无数次的印证，只有人人生而平等的社会才是和谐的，也只有人人生而平等的社会，才是健康的社会。自工业革命开启工业社会以来，追求人人生而平等成了一个时代的主旋律。即使强大的美国，也一度为人人生而平等而奋斗过。

16—18世纪欧洲列强纷纷在北美建立殖民地。法国人建立了新法兰西（包括圣劳伦斯流域下游的大潮区、密西西比河流域等处），西班牙人建立了新西班牙（包括墨西哥和美国西南部的广大地区）。

1587年，有91个男人、17个女人、9个孩子，在乞沙比克海滩建立了詹姆士镇，这是英国人在北美所建立的第一个永久性的殖民地。17世纪初，英国开始向北美移民。最初北美移民主要是一些失去土地的农民、生活艰苦的工人以及受宗教迫害的清教徒。在以后的150年中，陆续赶来的殖民者定居于沿岸地区，其中大部分来自英国，也有一部分来自法国、德国、荷兰、爱尔兰和其他国家。到达殖民地的大多数是西欧贫苦的劳动人民，也有贵族、地主、资产阶级，以英国人、爱尔兰人、德意志人和荷兰人最多。移民中有逃避战祸和宗教迫害者，有自愿和非自愿的"契约奴"以及乞丐、罪犯，还有从非洲被贩运来的黑人。

1620 年，他们乘"五月花号"到北美并在船上制定《五月花号公约》。在 1620 年 11 月 21 日于普利茅斯上岸，清教徒与 41 名自由的成年男人签署共同遵守《五月花号公约》。内容为组织公民团体、拟定法规等，奠定自由政府的基础。伴随着与北美洲原住民印第安人的长期战争，严重的劳动力缺乏产生了奴隶和契约奴役这类的非自有劳动力，而英国政府的放任政策则让特有的美利坚精神与文化得以发展出其独特性。

1733 年前后，英国殖民者先后在北美洲东岸建立了十三个殖民地。到 18 世纪中叶，殖民地的经济、文化、政治相对成熟。殖民地议会仍信奉英王乔治三世，但殖民地议会追求与英国国会同等的地位，殖民地不想成为英国的次等公民。而此时的英国与法国为争夺海上霸权和掠夺殖民地而进行了七年的战争，最终以英国的胜利告终。英国在北美接管了加拿大，控制了密西西比河以东的新法兰西，对北美殖民地全面加强控制，宣告阿巴拉契亚山脉以西为王室产业，禁止殖民地人民染指，并征收重税，严厉缉私，限制经济活动，严重损害了殖民地各阶层人民的经济利益。

18 世纪中期，在美洲的殖民地与英国之间，已经有了裂痕。特别是 18 世纪 70 年代，英国与殖民地进一步执行高压政策，导致了 1770 年波士顿惨案发生。1765 年，驻营条例颁布后，英国政府派遣军队驻扎北美。驻扎波士顿的第 14 团和第 29 团胡作非为，有的刁难行人，有的调戏妇女，从而造成士兵与当地居民的关系恶化。随后几年间，军队与当地人的冲突不断，形成了与军队之间的积怨。

1770 年 3 月 5 日，英军士兵与一名制绳工发生冲突。波士顿的绳索制造工人聚集在海关，向驻守在海关的英国士兵投掷雪球。到晚八时，钟声之后，人们手持棍棒走上街头，高呼赶走可恶的英国兵。聚集在英王街海关周围的人们情绪更为激昂。英军前来镇压，面对英军的镇压，情绪激昂的人们奋起反击，英军在混乱中向人民群众开枪，当场打死 3 人，打伤 6 人，其中 2 人因伤势过重，于次日死亡。

第一个被打死的是种植园奴隶出身的黑人群众领袖克里斯普斯·阿塔克斯。这场流血事件史称"波士顿惨案"。波士顿惨案的消息很快传到其他城市，纷纷抗议英军的驻扎。事件发生的第二天早上，英军将制造此次惨案的托马斯·普雷斯顿上尉及 8 名下属和现场的 4 位平民拘留起来，这些人被控谋杀罪。

一个星期后，一个大陪审团宣誓成立。在检察总长的要求下，普雷斯段上尉及其 8 名下属被提起公诉。在为英国军人担任辩护的约翰·亚当斯的帮助下，英军上尉及其 6 名下属都判无罪释放，两名开枪的士兵被判误杀，4 名被收押的平民也判无罪释放。

1773 年，英国殖民地通过了茶税法，引起了波士顿倾茶事件。1773 年，英国政府为倾销东印度公司的积存茶叶，通过《救济东印度公司条例》。该条例给予东印度公司到北美殖民地销售积压茶叶的专利权，免缴高额的进口税，只征收轻微的茶叶税。条例明令禁止殖民地贩卖私茶，东印度公司因此垄断了北美殖民地的茶叶运输，其输入的茶叶价格较"私茶"便宜百分之五十（仅殖民地人民饮用的私茶占消费量的十分之九）。东印度公司便宜的茶叶打压了本地的茶叶销售，从而导致很多的走私和土地种植茶叶商人无法生存，北美的茶叶价格被操纵，北美生产的茶叶销售大受影响。北美殖民地人民认为东印度公司是英国政府扶持的，假如他们饮用了东印度公司的茶叶，就等于他们还继续受英国殖民者的压迫、剥削，被迫接受英国对殖民地征税和制定法律。

1773 年 11 月，有 7 艘大型商船前往北美殖民地，四艘开往波士顿，其他三艘分别驶往纽约、查理斯顿和费城。然而纽约和费城的茶商拒绝接货，致使这两艘商船不得不返回英国。1773 年 11 月 28 日，东印度公司的第一艘商船"达特茅斯号"先停靠在波士顿附近英军驻守的威廉要塞，后来在格里芬码头卸下除茶叶以外的其他货物。

1773 年 12 月 16 日，波士顿 8000 多人集会抗议。当天晚上，在塞廖尔·亚当斯和约翰·汉考克的领导下，60 名"自由之子"化妆成印第安人上了商船，将东印度公司三条船上的 342 箱茶叶全部倾倒入海。

1773 年 12 月 23 日的《马萨诸塞时报》描述道："涨潮时，水上漂满了破碎的箱子和茶叶。自城市的南部一直持续到多彻斯特湾，还有一部分被冲上岸。"

波士顿倾茶事件后，英国政府认为这是对殖民当局正常统治的挑衅。为压制殖民地民众的反抗，1774 年 3 月英国议会通过了惩罚性法令，即《波士顿港口法》《马萨诸塞政府法》《司法法》和《驻营法》。这四项法令统称为"强制法令"，规定英军可强行进驻殖民地民宅搜查，取消马萨诸塞的自治地位，封闭北美最大的港口波士顿港。这些法令明显剥夺了殖民地人民的政治和司法权力，激起了他们的联合反抗。

1774 年 9 月 5 日，除佐治亚外的各殖民地代表在费城召开了第一届大陆会议，通过了和英国断绝一切贸易关系的决议，继而通过"关于殖民地权利和怨恨的宣言"，向英皇呈递请愿书。英王却坚持殖民地必须无条件臣服于英国国王，并接受处分。

1775 年 4 月 18 日，在波士顿附近的列克星敦和康科德，殖民地爱国者打响了反抗的枪声，揭开了独立战争的序幕。5 月，召开第二次大陆会议，坚定了战争与独立的决心，并起草了有名《独立宣言》，提出充分的理由来打这场仗，这就是最后制胜的要素。

1776 年 7 月 4 日，大陆会议在费城召开，乔治·华盛顿发表了《独立宣言》。《独立宣言》由托马斯·杰斐逊起草，经大陆会议专门委员会修改后通过，并由大陆会议主席约翰·汉考克签字生效。《独立宣言》开宗明义地阐明：一切人生而平等，具有追求幸福与自由的天赋与权利；淋漓尽致地历数英国殖民主义者在美洲大陆犯下的罪行；最后庄严宣告美利坚合众国脱离英国而独立。

《独立宣言》是具有历史意义的伟大文献，目的是为"图生存、求自由、谋幸福"，实现启蒙运动的理想。美国的成立，就是一部反抗殖民、反抗压迫、反抗剥削的历史。历史走到今天，而美国却已然忘了一切人生而平等，具有追求幸福与自由的天赋和权利！美国已然忘了初心！虽然《独立宣言》依然是美国的文化精髓，但在美国取代英国成为事实上的全球霸主之后，又走上了英国原来的霸权之路。美国为了自身利益，成了《独立宣言》的食言人！

在农业时代，一个大国可以有若干个附属国，而控制附属国的方式无非是以附属国王子作为人质的方式比较常见。而二战后美国制定的工业社会的控制则是货币结算，随着二战后形成的布雷顿森林体系的形成，美元成为国际上的结算货币，美国成功地把资本主义阵营的命脉抓在了手里。1990 年前后苏联解体，直接导致社会主义阵营的分崩离析，而更为尴尬的是，原社会主义阵营中的国家，在融入国际化的前提下，美元是绕不过去的坎。

纵观世界史，欧洲、亚洲、美洲都是多国并存，从未有过一个国家和帝国强盛到统一一个大洲，更毋庸谈统一世界了。而美国则挟二战战胜国与战后秩序制定国的身份用"马歇尔计划""布雷顿森林体系"

"世界关贸组织"等，把半个世界抓入手中，玩弄于股掌之中！美国的强大与强盛是事实，但也不是与生俱来的，也是从初心的人人生而平等过来的。霸权有起亦有落，国家是，货币也是，美元的国际结算地位从鼎盛到滑落的大幕也已拉开。

洲际货币盛行。

二战后，美元成为全球国际性的货币。直到今天，仍然没有一种货币，可以威胁美元的地位。这也从美元的历史和机制谈起。

1785年，美国国会正式通过以美元为美国货币单位。

1791年，美国国会特许"美国银行"作为美国财政部的财政代理人，为期20年。

《1792年铸币法案》规定设立美国铸币局，成立一个联邦货币体系，并规定硬币的面值，指定硬币以金、银或铜计算的价值。

1861年，美国联邦政府首次将纸币投入全面流通。

二百年来，美元从来没有发生过剧烈贬值的情况，美元是世界上最稳定的货币，原因就是美元发行的过程。首先，美联储不是美国的政府部门，即美国政府对美联储无管辖权。美联储也不是一个私人机构，任何一个人想掌控美联储，亦无可能。

美联储主要分为两个部分：联邦储备委员会、联邦储备银行。联邦储备委员会主要负责制定金融政策、降息或加息，这些都是联邦储备委员会的职责。

联邦储备银行由十二个分行组成，主要功能就是发行美元。美国所有的跨州经营银行，都是联邦储备银行的股东之一，而且是强制性的。截至目前，联邦储备银行的股东由三千多家银行构成。

联邦储备银行虽然有发行美元的权力，但是发行美元是有条件的：

必须有担保，才能发行对等金额的美元。布雷顿森林体系瓦解以后，这种担保主要就是美国国债。美国政府虽然可以通过发行国债的方式来间接影响美元的发行，但是国债是需要还的！所以，国债不能滥发。同理，美元也没有滥发的情况。

经国会批准后，美国政府决定发行多少美元时，就发行相同数额的国债，然后美联储按照国债数额来印制美元，并把美元交给美国政府，换取同等数额的国债。美国政府等于用未来的税收为抵押，向美联储借钱，还需要支付利息。美联储获得利息，美国政府获得货币。

了解了美元的发行过程，也就能理解美元为什么一百多年以来这么稳定、这么抢手了。核心关键就是因为政府无权干涉货币的发行，大家用货币都放心。

世界上大部分国家，货币的发行权都在政府的手中，政府很难抑制自己发行货币的欲望，毕竟印点钱就能花，而且不用还！相比较而言，美元是美国政府授权美联储印制发行的，通过与国债挂钩，来保持货币的保值。而美国历史上计划收回美元控制权的两位总统都被刺杀了，是不是有些巧合？

美国凭借强势的美元，统领着全球的经济，这不仅仅是美国的货币，更是全球的金融秩序。看一下世界货币的份额，或许可以预测未来国际货币的发展趋势，截至 2018 年第四季度：

美元在世界货币中的储备增至 6.28 万亿美元，占份额的 62.7%。

欧元在全球外汇储备中占比为 20.15%。

日元在全球外汇储备中占比为 4.89%。

人民币在全球外汇储备中占比 1.23%。

欧元是世界货币史上的一个创举！

欧元是人类历史上第一种联合货币。众所周知，欧元是因为政治目的而不是经济原因而创建的。二战后美国制定的货币秩序越来越影响欧洲经济自身的利益，促使欧洲为欧元的启动埋下了伏笔。在欧元的筹备方看来，欧元的货币联盟不仅会为欧洲带来区域经济利益，更为欧洲走向全面的政治联盟打下坚实的基础。欧元的缔造者对欧元单一货币机制有五个方面的预期：

第一，鼓励区域内的贸易和投资，降低交易成本和消除因汇率波动所造成的摩擦和不确定性。

第二，在德国央行为蓝本的基础上，建立一个单一中央银行来统一协调货币政策，从而为各成员国带来通胀和经济的同步增长。

第三，基于"马斯特里赫特条约"和"稳定与增长公约"，成员国被迫采取稳健的财政政策。

第四，欧元将促进成员国的经济和金融稳定，防止竞争性货币贬值，从而消除之前一直存在的、对于一些欧洲国家的货币进行投机性攻击的威胁。

第五，区域内金融市场一体化得以实现，使资金的获取不仅方便，也很便宜。

基于以上五个方面的利好，欧元于1999年隆重登场！欧元的问世，开创了一段新的历史，不仅打破了美元在欧洲的既得利益，更是成了人类历史上的第一种联合货币，在国际货币体系中占到20.15%的比例，这也是一种大智慧的体现。回看欧元的发展史，虽然一直在跌宕起伏中前行，但欧元一直不辱使命。

相比较于美元的运作机制，欧元联盟的运作稍显不足，有些不尽如人意。欧元区成员国之间的通胀率同步并没有转化为竞争力，相反，都造成了区域内主要国家之间的贸易失衡。一些国家的主体借贷成本虽然向德国的水平逐渐靠近，却没有促进区域的经济增长，也没有加强区域的金融一体化，更出现了信贷的超额扩张和由此带来的不良后果。2008—2009 年经济衰退期间，欧元区暴露出来缺乏一个单一财政管理机构的问题。目前，欧元区面临着巨大的金融失衡、疲弱的经济增长及复杂的政治局面、相信随着时间的推移，欧元区单一货币机制迎来光明的未来。

欧元作为洲际性货币的首创者，不会是最后一个，毕竟全球各大洲都有极强的经济体。作为与欧洲相近的亚洲，有中国、日本、韩国、中国台湾、中国香港等。亚洲经济体的日益强盛，也为日后与美元、欧元相抗衡打下一个坚实的基础。回看 1998 年世界经济总量排名，或许更能够清楚欧元的必然性与必要性。

1. 美国　　　90891.5 亿美元

2. 日本　　　40344.5 亿美元

3. 德国　　　22464.5 亿美元

4. 法国　　　15129.6 亿美元

5. 英国　　　16237.9 亿美元

6. 意大利　　12680.3 亿美元

7. 中国　　　10325.8 亿美元

8. 巴西　　　8640.17 亿美元

9. 加拿大　　6318.52 亿美元

10. 西班牙　　6169.57 亿美元。

从 1998 年世界 GDP 排名来看，前十名的国家中，有 5 个来自西欧，有两个来自北美，有两个来自亚洲，一个来自南美洲。其中，欧洲五国的 GDP 总量为 72682 亿美元，欧洲是全球名副其实的第二大经济体。欧元的出现是历史发展必然的产物，却也是欧洲政治思想的结晶，欧元见证了欧洲经济在二战后的恢复与繁荣。欧元的出现，是自苏联解体后国际上的一件里程碑式的大事。如果说二战后的美苏争霸是苏联与美国在军事与意识形态上的竞争，那么欧元的出现代表欧洲在全球金融秩序与货币市场与美国的竞争。

欧元的出现不是偶然的，是欧洲在苏联解体后为保障自身金融秩序与利益的需要而团结一致的结果。都知道一国发行货币简单，而十几个国家用一种货币，遵守同一种金融秩序，无疑是难上加难。每个国家的情况不尽相同，政府体制也略有不同，能达成欧元的发行与流通，这是一个世界级的壮举！

在欧元发行后，美国立即对科索沃发动军事打击，给了欧元一个下马威。美国其后针对欧洲油气资源依赖的现状，又对伊拉克发动了第二次海湾战争。美国频频地发动战争与政策出台，其目的也很明显，那就是对欧元不遗余力地打压！从这个角度而言，欧元在面对强势美元的疯狂打压下，活着就代表了一切。

人民币的国际化任重道远。

有欧元的前车之鉴，作为亚洲经济大国的中国，人民币的国际化进程也刻不容缓。

2014 年 11 月 9 日，俄罗斯外贸银行行长安德烈·科斯京在北京接受新华社记者专访时表示，中国政府致力于把人民币变成国际储备货币和结算货币，俄罗斯对此持非常积极的态度。

对于人民币国际化发展的情况，伦敦金融城叶雅伦表示当前发展势头良好。一国货币的国际化发展需要高度的目的性政策导向和政策的可预测性，在这两个方面，中国在推动人民币国际化的过程中把握得很好。人民币跨境支付系统已经开始运作，这是人民币国际化发展进程中的又一大进步。人民币国际化的进程从 2007 年就已然开始了；

2007 年 6 月，首支人民币债券登陆香港。此后，内地多家银行先后多次在香港推行两年或三年期的人民币债券，总额超过 200 亿元人民币。

2007 年 7 月 10 日，国务院批准中国人民银行三定方案，新设立汇率司，其职能包括"根据人民币国际化的进程发展人民币离岸市场"。

2008 年 12 月 4 日，中国与俄罗斯就加快两国在贸易中改用本国货币结算进行了磋商。

2008 年 12 月 12 日，中国人民银行和韩国银行签署了双边货币互换协议，两国通过本币互换可相互提供规模为 1800 亿元人民币的短期流动性支持。

2008 年 12 月 25 日，国务院决定，将广东和长三角地区与港澳地区、广西和云南与亚细安的货物贸易进行人民币结算试点。此外，中国已与包括蒙古、越南、缅甸等在内的周边八国签署了自主选择双边货币结算协议，人民币区域化的进程大步加快。

2009 年 2 月 8 日，中国与马来西亚签订互换协议，协议规模为 800 亿元人民币/400 亿林吉特。

2009 年 3 月 9 日，央行行长助理郭庆平介绍，国务院已经确认，人民币跨境结算中心将在香港试点。

2009 年 3 月 11 日，中国人民银行与白俄罗斯共和国国家银行宣布签署双边货币互换协议，目的就是通过推动双边贸易及投资促使两国经济增长。

2009 年 3 月 23 日，中国人民银行和印度尼西亚银行宣布签署双边货币互换协议，目的是支持双边贸易及直接投资以促进经济增长，并为稳定金融市场提供短期流动性。

2009 年 4 月 2 日，中国人民银行和阿根廷中央银行签署双边货币互换协议。

2009 年 7 月，六部门发布跨境贸易人民币结算试点管理办法，中国跨境贸易人民币结算试点正式启动。

2010 年 6 月，六部门发布《关于扩大跨境贸易人民币结算试点有关问题的通知》，跨境贸易人民币结算试点地区范围将扩大至沿海至内地 20 个省市区，境外结算地扩大至所有国家和地区。

2011 年 8 月 23 日，中国人民银行明确表示，河北、山西等 11 个省的企业可以开展跨境贸易人民币结算，跨境贸易人民币结算境内地域范围扩大至全国。

2012 年 11 月，人民币国际化进程正式在南非起步，中国和南非之间的贸易都是直接将法兰特兑换成人民币来结算。

2013 年 10 月 15 日，第五次中英经济财金对话在北京举行。国务院副总理马凯与英国财政大臣奥斯本在新闻发布会上表示，中国和英国同意人民币与英镑直接交易。

2013 年 12 月，中央经济工作会议对 2013 年人民币汇率走势提出了明确要求，即"保持人民币汇率基本稳定"，有利于人民币国家化的稳步推进、世界金融的稳定和经济的发展。

2014 年 6 月 18 日，建行担任伦敦人民币业务清算行。

2014 年 6 月 19 日，中行担任法兰克福人民币业务清算行。

2014 年 7 月 4 日，中国人民银行发布公告称，决定授权交通银行首尔分行担任首尔人民币业务清算行，这成为在首尔打造人民币离岸中心的重要一步。

近五年来，央行先后与其他央行及货币当局签署了 28127 亿元的双边本币互换协议。其中，规模在 2000 亿元以上的包括与澳大利亚储备银行、欧洲中央银行、英格兰银行以及韩国银行、香港金融管理局、新加坡金融管理局续签的本币互换协议。尤其是与英格兰银行、欧洲中央银行双边互换协议的签订，被认为是人民币国际化进程中的重要一步。

国际货币基金组织当地时间 11 月 30 日宣布：正式将人民币纳入 IMF 特别提款权（SDR）货币篮子，决议将于 2016 年 10 月 1 日生效。人民币国际化至此进入一个新的阶段，人民币与美元、欧元、日元及英镑一同成为国际储备货币及收支结算货币，人民币国际化终于跃上国际货币市场的大舞台。

经济总量是货币坚实的支持，这也是经济发展规律决定的。2019年全球国民生产总值排名如下：

第一名美国，国民生产总值 210244.2 亿美元。

第二名中国，国民生产总值 142433.7 亿美元。

第三名日本，国民生产总值 52053 亿美元。

第四名德国，国民生产总值 40742 亿美元。

第五名印度，国民生产总值 29262 亿美元。

第六名法国，国民生产总值 28707.4 亿美元。

第七名英国，国民生产总值 27306.9 亿美元。

第八名巴西，国民生产总值 22992.3 亿美元。

第九名意大利，国民生产总值 21059.4 亿美元。

第十名加拿大，国民生产总值 18386.4 亿美元。

第十一名韩国，国民生产总值 16679.5 亿美元。

第十二名俄罗斯，国民生产总值 15858.8 亿美元。

第十三名澳大利亚，国民生产总值 15642.9 亿美元。

第十四名西班牙，国民生产总值 14795.5 亿美元。

第十五名墨西哥，国民生产总值 13213.4 亿美元。

根据 2019 年全球国民生产总值排名来看，美国仍然是一匹绝尘，遥遥领先各国。最大的变化是 1998 年排名第七的中国，一跃成为亚军，而日本则后退一名，成为 2019 年的季军。短短二十年间，中国 GDP 的异军突起，成为仅次于美国的国际第二大经济体，这是中国强大发展实力的体现。中国 GDP 总和已然是世界第二，更是日本、德国、印度、法国四国 GDP 之和，中国已经从弱小走向了强盛，GDP 总量只是其中之一。

在 2019 年全球前十名的排名中，美国和加拿大属于北美洲，GDP 总和为 228630.6 亿美元，其中美国为第一名，加拿大为第十名。第二名中国与第三名的日本和第五名的印度共属于亚洲，三国 GDP 总和为 223748.7 亿美元。第四名的德国、第六名的法国、第七名的英国和第九名的意大利都属于欧洲，四国 GDP 总额为 117815.7 亿美元。南美洲的巴西则为 22992.3 亿美元。做一个竖式可能更为直观：

北美洲国民生产总值 228630.6 亿美元。

亚洲国民生产总值 223748.7 亿美元。

欧洲国民生产总值 117815.7 亿美元。

南美洲国民生产总值 22992.3 亿美元。

通过 GDP 总值前十名的国家所在的地区来看，以美国为主的北美洲位居第一，以中国、日本、印度为首的亚洲以少 4881.9 亿美元的微弱之差位居第二，以德国、法国、英国及意大利为首的欧洲位居第三，而巴西则是南美洲仅有的代表，位居第四。

通过 2019 年 GDP 总值的数值之和与洲际来看，欧洲四国的比重在近二十年间大幅度下滑，这也与中国的强势发展有直接的关系。西班牙更是从 1998 年的第十名跌至 2019 年的第十四名。不可否认，欧洲依然是世界三大经济体之一，但前十名中欧洲国家的 GDP 总量却仅为以美国为首的北美洲、以中国为首的亚洲 GDP 总和的二分之一！通过数字看发展，通过数字看差距，欧洲的德国、法国、英国、意大利仍然为工业强国，特别是在高、精、尖科技的制造水平与研发上。但不得不正视的问题就是，欧洲 GDP 总和占全球的比例不断下滑，这是一个严重的、严肃的问题。1998 年的 GDP 总和，欧洲五国合计 72682 亿美元，雄踞全球第二位。这也是 1999 年欧元横空出世的资本，但仅仅二十年后，欧洲巨大的优势完全让以中国为首的亚洲取而代之。

中国、日本、印度为首的亚洲，2019 年国民生产总值为 223748.7 亿美元，仅比美国为首的北美洲少 4881.9 亿美元，这是值得骄傲的。

但我们把中国、日本、印度的人口相加，三国总人口为 28.96 亿人，与北美美国、加拿大两国总人口 3.65 亿人相比，在人均 GDP 方面依然有天壤之别，差距过大。即使与欧洲四国相比，欧洲德国、法国、英国、意大利的总人口为 2.689 亿人，亚洲人均 GDP 数值与欧洲差距也很大，这是现实。从这方面来看，印度为一个人口大国，GDP 排名全球第五，GDP 总值不到中国的 1/4，而人口却与中国相差无几。综合来看，亚洲板块 GDP 总量位居全球第二，人口位居第一，是欧洲板块 GDP 人口的 11 倍，是北美洲 GDP 人口的 8 倍。一平均下来，北美洲人均 GDP 是亚洲人均 GDP 的 8 倍，欧洲人均 GDP 是亚洲人均 GDP 的 5 倍多。由此可见，亚洲板块与北美洲、欧洲相比，在数量总量上追赶得快，却在质量上有太大的差异。

认识到差距，就更有迎头赶上的机遇。2019 年全球国民生产总值中中国排名第二、日本排名第三，优势可观；印度排名第五。从目前的 GDP 排名来看，未来 10 年中国依然会在第二名的位置，但与美国 GDP

总量不相上下，甚至是反超。而日本与印度会分列三四名，德国会退至第五名。从经济学讲，这个排名的变化是必然的。第一，中、日、印三国人口高达 28.9 亿人，不仅是一个世界级的大市场，更是一个世界级的生产体。第二，中、日、印三国分别代表三个级层，日本是经济发达国家，中国则是次发达国家，而印度则是发展中国家。这相当于是老中青相结合，有很大的经济互补性，也更具有长久性的成长性。对于这一点，通过 20 年的时间，中国从全球第七名升到全球第二名，就是一个鲜明的例子。

亚洲板块的 GDP 总量在快速上升的同时，在全球货币支付排名中却不尽如人意。2019 年 1 月全球货币支付市场份额如下：

1. 美元，占全球支付市场份额 40.08%。

2. 欧元，占全球支付市场份额 34.17%。

3. 英镑，占全球支付市场份额 7.07%。

4. 日元，占全球支付市场份额 3.30%。

5. 人民币，占全球支付市场份额 2.15%。

6. 加元，占全球支付市场份额 1.74%。

7. 港元，占全球支付市场份额 1.50%。

8. 澳元，占全球支付市场份额 1.40%。

9. 其他货币，占全球支付市场份额 8.59%。

2018 年，人民币国际化的趋势正在加快，包括德、法、西班牙、比利时等 60 个国家已宣布将人民币纳入外储。原油人民币期货合约及铁矿石期货国际贸易交易合约的推出，使得全球投资者纷纷做多相关人民币资产，推动境外持有的人民币资产创 2016 年 10 月以来的新高。虽然增速快，但应该看到人民币国际化开始时间短、基数小，增速快是正常的。我们期待人民币有更大的国际化空间。

从以上数据可以看到，美元依然是国际支付货币的老大，稳稳地处在第一名的位置。欧元则以 34.17% 的比例雄踞第二位，远远领先于后面排名的总和。英镑以 7.07% 的比例排在第三名，英镑与欧元相加则会超过美国，或许这是英国不加入欧元的原因之一，这也是美国不愿看到的场景。日本则以 3.30% 排名第四，人民币排名第五，即使把亚洲的货币支付份额全部相加，也只有 6.95% 的全球支付市场份额，远远落后于美元与欧元，更远不能与美元、欧元相提并论。当然，这与人民币国际化时间短也有很大的关系，而更大的原因在于，亚洲的经济体之间缺少高层次、深度的合作思想，更缺乏洲际货币的合作构想。

亚洲先有日本经济的快速崛起，并于 1990 年前后达到顶峰，此后的发展则明显放缓，日元的国际化也随之放慢。中国在经济大发展之时，也谋求人民币的国际化，于 2016 年修成正果，正式成为国际货币基金组织一篮子货币中的一员，而印度到目前尚未有此想法。亚洲短期内不会出现类似于欧元的亚元，这不仅是政治智慧问题，更多的则是亚洲国家之间经济水平相差大，发展速度等不一，政治体制各不相同。综合以上原因，亚洲短时间内不会出现类似于欧元的亚元。

中国 2019 年 GDP 总量是日本 GDP 总量的近 3 倍。随着人民币国际化步伐的加快，中国经济依然会保持较高的增长率。经济增长与人民币国际化进程的加快、加深，相信人民币在未来 10 年的时间内在货币支付市场的份额超过日本是大概率事件，在 15 年左右超过英镑是大概率事件。如果人民币在国际货币支付市场位居第三名，则会成为美元、欧元、人民币三极的开始。人民币如果到了世界货币支付市场的前三名，则世界经济由一家独大、两家天下到天下三分的新时代。

洲际货币支付时代，亦是平权经济的开启。

从 2019 年全球货币支付市场中可以清晰地看到：美元作为全球通

用的支付货币，在国际支付市场占有份额 40.08%，高居第一。欧元在国际货币支付市场占有份额 34.17%，雄踞第二。但是通过分析发现，欧元最大的支付市场是在欧洲，是以欧元体内的支付为主体的。也可以说，欧元的诞生，一如欧元的使命一样是为了促进欧洲经济的增长为目的的。欧元区国际货币支付市场，欧元保持了较高的使用率。以欧元为榜样，洲际货币以内的货币支付，以后的趋势肯定是本洲际内的货币为主体；洲际与洲际之间，前期以美元为结算，后期以货币互换为结算将成为未来货币的主要形式。

人民币的国际化，第二个目标就是亚洲化。中国经济总量的持续增长，特别是与亚洲国家商贸迅速增加，就是人民币洲际化的最大推力。中国在亚洲加快人民币的支付进程，希望用 10 年时间，人民币成为亚洲洲际内的主要支付货币，用 15 年的时间成为国际货币支付市场的前三名，让人民币成为国际货币支付的第三支重要力量，为世界经济的发展做出贡献。2015 年 12 月 25 日，亚洲基础设施投资银行正式成立，注册本金 1000 亿美元，总部设在北京。这个由中国牵头成立的银行，是人民币在亚洲进行货币结算的一步棋。

人民币成为亚洲主要支付货币的同时，则是世界平权经济的开启之时。自二战后美元的一家独大，到苏联解体后的初露峥嵘，都是货币市场的变化，也是世界经济秩序的不断发展与演变。而在人民币国际化的进程中，先做到亚洲化，成为亚洲主要的支付货币，这一步才是人民币国际化发展的前提，才是人民币真正走向国际化的开始。人民币在亚洲的支付结算大幅度升高，让人民币逐步拥有欧元的作用，这是人民币对亚洲经济的贡献，也是亚洲经济持续发展的保障。人民币在跨向洲际之时，则是美、欧、中三极的正式形成。

人民币走向国际化是必然的，成为货币支付市场的前三强也是必然的，人民币成为亚洲的主要支付货币也是必然的。也只有让人民币的国际化进程加快，才能够让世界经济加速进入平权时代。社会的不断发展，地区之间的差异不断缩小，先发国家的特权正在被一一破除，一个平权经济的时代呼之欲出。

第十二章 构建平权秩序

社会如人体，秩序如衣服。社会的不断发展，秩序从宽松到紧绷，再到破落，这也是一个必然的过程。秩序是社会的衣服，就是需要根据社会的发展而不断变化的，只是这种秩序变化的时间，随着社会发展的快慢而同时进化着。

在农业社会秩序一般是随着改朝换代而改变，短则几十年，长则几百年，这是农业社会时期的社会秩序变化与变革时间。在这期间，社会秩序也有一些调整，以延长当时国家的命运和寿命，如中国历史上的汉朝，就是社会秩序变更的得益者。

西汉是继秦朝后出现的中国统一的多民族王朝，定都长安，刘邦开创。后期刘秀建都于洛阳的汉朝，史称东汉。西汉、东汉，合称汉朝，虽然建都地不同，但仍属于同一支血脉，共称汉朝。

西汉初年，当政者致力于恢复民生，重建国家机器，重构社会秩序。刘邦建国后，实行与民休养政策，轻徭薄税，使民生与经济逐渐恢复与发展起来。汉武帝"罢黜百家，独尊儒术"，儒家思想成了官吏阶层的主要思想。开辟中西交通，加强对外经贸文化交流，中央集权的政治体制进一步巩固。

西汉后期，秩序混乱导致社会矛盾激化，致使多地发生农民起义，宣告西汉历史的结束。刘秀宣布建都洛阳后励精图治，沿用西汉初期的政治体制，经济文化在西汉的基础上有所发展，各民族之间的融合进一步增强，对外交流也逐步扩大。

从汉朝的历史来看，社会秩序的交替，导致了东西汉的形成，社会秩序的确立到混乱，是由统治阶级自乱朝纲而导致的。社会秩序是社会稳定的基石，而社会秩序的建立与破坏，均来自统治阶层对占有的欲望不断增强而导致社会秩序的失衡。社会秩序的失衡又导致底层的农民民不聊生，民间起义也就常态化与必然化。民间起义轻则重创统治阶层的国家管控，重则到国家主人的改朝换代，进入新一轮的社会秩序重建中的循环中去。

工业社会的社会秩序，也是同社会同步成长。以美国历史为例。美国的建国初期，是美国社会秩序的建立与运行。而到了南北战争前后，美国原有社会秩序的不足，导致了南北战争的爆发与战后秩序的重构。

当时，英属北美殖民地的资本主义经济发展较快，成为经济的主流。北美殖民地亦存在许多落后的体制，每个殖民地都有自己的总督和议会，总督代表女王对殖民地进行统治。英属北美各殖民地之间的经济来往日益密切，初步形成了统一的国内市场。各殖民地之间在长期交流、融合的过程中，逐渐产生了共同的文化、民族独立意识的觉醒。面对殖民地的异常，英国统治当局却加强对殖民地的管控。

1774 年，颁布了 5 项不可容忍的法令，从政治上、军事上加强对殖民地的控制与镇压。

1772—1774 年，各殖民地成立通讯委员会，领导抗英斗争。

1774 年 9 月 5 日至 10 月 26 日，北美殖民地在费城召开了殖民地联合会议，史称"第一届大陆会议"。共有 12 个殖民地的 55 名代表参加会议，会议通过了《权利宣言》，同时向英王呈递《和平请愿书》，表示殖民地仍对英王效忠。会后各殖民地开始训练民兵并储藏军火，进行起义的准备。

1775 年 4 月 19 日，驻波士顿英军奉命到康科德查抄殖民地民兵军火。在返回途中经列克星敦附近时遭民兵伏击，损失 286 人。列克星敦之战揭开美国独立战争的序幕。

1775 年 5 月 10 日，北美各殖民地代表在费城召开第二届大陆会议。

1777 年 11 月 15 日，大陆会议通过了《邦联条例》。这部条例是北美殖民地筹建十三个新州统一政府的第一个正式文件。

1781 年 3 月 1 日，随着那里兰州的正式批准，《邦联条例》开始正式生效。

1782 年 11 月 30 日，美国与英国的代表在巴黎签订了初步停战条约。

1783 年 9 月 3 日，英王代表与殖民地代表于凡尔赛宫签订"1783 年巴黎条约"，英国正式承认美利坚合众国成立！

美国独立战争的胜利，对欧洲大陆及拉丁美洲地区的现代资产阶级民主主义革命起了推动作用。美国独立战争结束了英国的殖民统治，实现了国家的独立，确定了比较民主的现代政治体制，对以后欧洲和拉丁美洲的革命起了推动作用。美国独立战争后，《独立宣言》、1787 年宪法及其所确立的新型政治体制（联邦共和制）与三权分立，是人类文明的可贵资产与新的社会秩序。

美国独立战争没有解决土地问题，亦没有解决奴隶制问题，使得独立后的美国南北方朝着两种不同的经济道路发展，最终导致美国内战（南北战争）的爆发。南北战争是美国历史上唯一一次内战，参战双方为北方美利坚合众国与南方的美利坚联盟国。战争之初本为一场维护国家统一的战争，演变成一场为了黑奴自由新生而战的革命战争。

南北战争摧毁了奴隶制，南北战争是美国历史上第二次资产阶级革命，较好地解决了农民的土地问题，为美国资本主义的加速发展扫清了道路，并为美国跻身于世界强国奠定了基础。南北战争中工业革命带来了军事上的巨大进步，双方使用了金属弹壳和后装填步枪作战。使用铁路和蒸汽船实现快速的兵力机动和集结，使用蒸汽铁甲舰进行海战。特别是南北战争中机械连发步枪第一次投入实战，这是北方发展制造了标准化零件组装武器的生产方式，大大提高了工业生产效率，推动了美国的进步。

南北战争，使美国实现了真正意义上的统一。特别是在战争中黑人奴隶制度最终走向了瓦解，更为美国确立了相对一致的经济形式，为经济的进一步发展扫除了障碍。《宅地法》实施后，美国进一步加速了对西部国土和资源的开发。在南北战争后的重建时期，黑人仍受到多方面的歧视和种植场主的剥削，但黑人在政治上逐渐取得公民权和选举权，从奴隶制的枷锁下解放出来。这在美国及世界人权历史上都具有重要的意义。

美国的社会秩序是分两次建立完成的，至今仍然是沿用并发挥着主导作用。这样的社会秩序在一国内的单一环境中，有极强的稳定性和普世价值。但在二战后，以美国为首的资本主义国家制定的战后世界秩序中，与苏联为主体的社会主义阵营的争斗中平分秋色。1990年，苏联解体，社会主义阵营的秩序土崩瓦解，而中国却在原社会主义秩序的基础上加以改进和变革，形成新的社会主义新模式。相比之下，美国主导的资本主义世界秩序，则是问题迭出，颇有江河日下的瘵境。中国一升、美国一降、欧洲一平，新的国际新秩序呼之欲出。

去除特权，释放新秩序红利。

自二战结束后，美国凭借战胜国的余威，制定并领导了资本主义式的世界秩序至今已经整整 75 年了！在 75 年的霸权式领导中，拖垮了苏联，让社会主义阵营土崩瓦解，应该说这本身就是美国的杰作。美国凭借强大的资本、军事、科技力量，继续称霸世界，因为美国一直享用制定秩序与主导秩序的红利来不断喂养自己。例如：美国国债。美国国债利率高，风险低。由于美国国债是以美国国家信誉做保证的，回报率也稳定。截至 2020 年 2 月 20 日，美国总计发行了 23.3 万亿美元的国债。美国国债的购买群体分为外国持有者、美联储、美国政府通过政府养老基金和社会保障信托基金持有、美国商业银行、其他美国机构、公司和个人。

1. 外国持有人以国家央行或财政部为主。日本在 2019 年增持 1130 亿美元，持有的美国国债总额达 1.16 万亿美元。2019 年 12 月，中国减持美国国债 200 亿美元，中国持有美国国债总额为 1.07 万亿美元。日本和中国持有的美国国债占美国国债总额的 9.6%！再看看其他国家持有美国国债的情况，截至 2018 年 12 月：

	2019 年	2018 年
英国持有美国国债	3330 亿美元	2880 亿美元
爱尔兰持有美国国债	2820 亿美元	2790 亿美元
巴西持有美国国债	2810 亿美元	3030 亿美元
卢森堡持有美国国债	2550 亿美元	2310 亿美元
瑞士持有美国国债	2370 亿美元	2300 亿美元
开曼群岛持有美国国债	2310 亿美元	2260 亿美元
中国香港持有美国国债	2230 亿美元	1960 亿美元

比利时持有美国国债	2100 亿美元	1510 亿美元
沙特阿拉伯持有美国国债	1800 亿美元	1720 亿美元

从上表可以看到，只有巴西持有的美国国债自 2018 年的 3030 亿美元减到 2820 亿美元，其他 9 个国家和地区持有的美国国债均比 2018 年有所增长。欧洲清算银行的所在地比利时，因处理大量的美国国债信托账户，亦使其比利时成为美国国债的十大持有者之一。

2. 美联储在 2019 年增持了 880 亿美元的美国国债。到 2019 年 12 月底，美联储持有的美国国债达 2.33 万亿美元。

3. 美国政府基金。美国政府实体在 2019 年购买了 1780 亿美元的国债。这些美国政府实体包括社会保障信托基金和政府养老基金，持有美国国债总额达 6.03 万亿美元。

4. 美国商业银行。美国商业银行在 2019 年购买了 1310 亿美元的美国国债。美国商业银行持有美国国债总额达 9240 亿美元。

5. 其他美国实体。美国的机构投资者、养老基金、保险公司、对冲基金、公司及个人，在 2019 年购买了 4050 亿美元的国债。这些美国实体持有美国国债总额达 7.22 万亿美元，占美国国债总额的 31%，是美国国债最大的持有者。

综合上述数据所示，2019 年美国发行国债 1.3 万亿美元，主要发行给贸易大国和避税及区域金融中心。通过美国国债，我们看清美国制定和主导国际秩序所带来的秩序红利，是在源源不断地循环与增生。从美国最早推动世贸组织形成及布雷顿森林体系开始，美元就是国际结算货币和国际的储备货币。中、日等经济大国输出商品所得的大量美元，只能购买美国国债类金融资产来达到保值增值的目的。也就是说，美国仅凭美元为国际的支付结算货币的优势，就可以把他国的美元成功截留在美国的金融体系中，使美元获得更好的流通性。

买美国国债就是投资美国！

现在国际各个国家都在积极推动招商引资，招商引资的级别与类别都不一样。例如，发展中国家是以生产型的招商引资为主，欧美是以科技、网络创新型招商引资为主，这就是招商引资的差异。发展中国家在资本方面本身就是弱项，如中国，需要加大对国际招商引资的力度，来加快国内经济的发展。但庞大的国际贸易顺差形成的美元，却不能更好地服务国内经济，只能在国际支付体系内购买美国国债。这就相当于中国把自己的利差，投资了美国。

2019 年，中国的国民生产总值为 122427.76 亿美元，相当于日本、德国、法国、英国的四国国民生产总值之和，成为世界上仅次于美国的第二大经济体。更为可喜的是，2019 年上半年，中国 GDP 总额约 6.65 万亿美元，成功超越欧元区 19 个国家的 GDP 总额！2019 年上半年，欧元区 GDP 总额约 5.836279 万亿欧元，约合 6.59 万亿美元。从国民生产总值来看，美国雄踞第一，中国位居第二，欧元区为第三。从这个经济体量来看，中国经济的代表者人民币，作为国际货币之一，已然具备了比肩欧元、追赶美元的基础条件。期望是好的，人民币的国际化还有很长的一段路要走。通过 2019 年 1 月份全球支付货币市场的排名，更能让人感受到人民币国际化的紧迫感：

1. 美元，占全球支付市场份额的 40.08%。

2. 欧元，占全球支付市场份额的 34.17%。

3. 英镑，占全球支付市场份额的 7.07%。

4. 日元，占全球支付市场份额的 3.03%。

5. 人民币，占全球支付市场份额的 2.15%。

……

从人民币在全球支付市场占的比重来看，远远不能同中国经济总量世界第二的身份画等号！人民币在全球支付市场中的份额，最高纪录是在2015年8月份，在全球支付市场占比曾一度为2.79%，在全球支付货币中排名第四。如果说中国的GDP总量与欧元区已经持平略有超出，这是一个发展的追赶结果，那么中国的人口优势是保证中国经济持续增长的保障。以2018年数据为基础，中国人口达13.95亿人，同期欧元区19个国家的总人口为3.4亿人，美国总人口为3.28亿人。欧元区与美国人口相差不大，经济总量却相差太远，但欧元区欧元的全球支付市场份额却高达34.17%。这给中国一个启示，中国人民币的国际化要跑赢中国经济的增速，希望人民币在国际支付市场的份额在未来的二十年、三十年内，可以达到20%以上的份额。

人民币在全球支付市场份额达到20%以上时，才是打破美元、欧元等传统欧美强国的特权之时。中国作为一个亚洲国家、一个拥有13.95亿人口的大国，自身为世界最大的单一市场、世界最大的制造业大国，中国的经济增速远远大于欧元区、美国。增速，是中国最有利的条件，也是中国追赶美国GDP总量的保障。打破美元、欧元在全球支付市场的垄断，也是人民币国际化的目标。追平与欧元区在全球支付市场的份额，成为人民币国际化中的第一个目标，以期形成国际支付市场的三分天下。

根据国际货币基金组织（IMF）公布的数据显示，2019年第三季度人民币在外储中的占比上升至2.01%，这是自2016年第四季度IMF开始报告各经济体央行所持人民币资产占比以来的最高水平，在全球主要外汇储备货币中超过了瑞士法郎、澳大利亚元和加元。

IMF公布的数据显示，以美元计价的外汇储备占总外汇储备的比例已经从2014年的66%下降到2019年第三季度的61.78%。数据显示，美元仍是全球主导地位的储备货币，各国央行都在努力实现外汇储备的多元化，减少对美元的依赖。从长期趋势来看，美元的外汇储备占比会是一个缓慢地逐步降低的过程。而在这个逐步降低的过程中，也显示了欧元、英镑、日元、瑞士法郎、澳元、加元和人民币迎来占比持续上升的空间。

美中欧并行，开启平权时代。

美元在全球支付市场占总份额的 40.08%，占外汇储备总额的61.78%。从数据来看，美元在世界经济中占有绝对的主导地位。美元在前两项数据中的比例越高，则是对世界经济的发展阻碍越大，特别是在全球经济一体化的时代，美元的特权地位无疑阻碍了商贸的进一步灵活交易，迟滞了经济的发展。相对乐观和可喜的是，美元在全球外汇储备中的比例正在缓慢下降。美元在货币支付市场的份额也是稳中有降，这是一个良好的趋势，这就是在全球经济秩序中美国的一降。

欧元在全球支付市场占总份额的34.17%，占外汇储备总额的20%，这是欧元在全球经济中的地位，仅次于美元，遥遥领先于其他货币。欧元区的 GDP 总值现在已跌至世界第三，已然被中国超越，这不仅是一个令欧元尴尬的事情，也是历史发展的必然。欧元区作为第一次工业革命、第二次工业革命、第三次工业革命的先行区，更是推动第四次工业革命标准的先行区。欧元区总人口仅为 3.4 亿人，欧元区总国土面积仅为 440 万平方公里，与中国相比，缺少人口上的红利，相比较国土面积，又缺少经济上的战略纵深。由此可以推断，欧元在今后三十年内，在全球支付市场所占的份额会逐步降至 20% 左右。由于欧元区的特殊性，欧元在未来 30 年内所占全球外汇储备的份额依然会维持在 20% 左右，这个比例符合欧元定位于经济总量的地位。综合来看，欧元是一降一稳，属于回归正常的历史地位与定位。

人民币在全球支付市场占总额的 2.15%，占外汇储备总额的 2.01%。从人民币在国际货币中的比重来看，人民币的全球支付市场份额与外汇储备总额的比例远远低于中国的经济总量，这也让人民币有极大的成长空间。人民币所代表的中国，GDP 产值已然超越欧元区 GDP 的总额，人口是欧元区的 3 倍多一点，国土面积是欧元区国土面积的两倍多。这两个多，使中国的 GDP 在未来 30 年，依然有极为可观的增长速度与巨大的成长空间。伴随着中国经济总量的崛起，人民币在全球支付市场的份额必然也会同步上升，达到与中国经济总量地位相符的水平。随着中国在国际贸易中的稳步增长，人民币在外汇储备中的比例与人民币在全球支付市场的份额相同。人民币的国际化与所定地位，会由今后中国经济的增长与总量来决定，这只是需要时间来验证。

人民币在全球支付市场份额的增长，会抢占欧元退出而得来的市场份额。人民币在外汇储备总份额中的比例上升，则会受惠于美元占比下降带来的福利。人民币的两升，是美元、欧元去特权的直接表现，特别是美元，在支付市场与外汇储备中比例的下降，会极大地解放秩序红利，支撑人民币的国际化与开启中国经济高质量的新增长。

人民币在全球支付市场的份额与中国经济总量在国际的地位相等时，特别是人民币在全球外汇储备的比例与中国经济地位相等时，中国对国际资本的融资成本则会大幅度降低。人民币则会成为与美元有相同职能的货币，使得国际资本与结算资本向中国汇聚，为中国从制造大国向金融大国、亚洲金融中心迈进。中国经济会从量到质的转变，更会由物到资的转变。也可以说，去除美元的特权，也是逐步去除美国在国际秩序中的特权，使得国际新秩序的红利惠及全球经济体与各国人民。

货币是国家经济主权的代表，在美元、欧元、人民币在国际外汇储备占比与全球支付市场占比份额差距不大时，形成三足鼎立，会开启全球经济秩序的平权时代。自二战后的美元独霸到 1999 年后的一超一强，在 2050 年后，则会迎来一超两强或是两超一强的新常态。国际经济秩序会影响全球的国际秩序，这就是经济基础决定上层建筑的真实写照。

后工业时代，平权秩序，进而形成平权社会，这是历史的演进。经济基础决定上层建筑，而货币的平权时代，则决定了经济基础。

法、科、德共生。

未来的社会，是后工业社会，是人工智能社会，是平权的社会，更是法治的社会。自秦朝商鞅变法，推行依法治国以来，历朝历代、古今中外，对依法治国一直锲而不舍。在推进依法治国的路上越走越远，法制清明，是从政者、大政治家的终身追求。

国际秩序最终体现在法律上，法律是一个体现国际秩序的载体、中间体与惩戒体。也由此，国际法应运而生。作为独立的法律体系的国家之间的法律——国际法，是近代欧洲的产物。在 1648 年三十年战争结束、《威斯特伐利亚合约》订立后，这个公约标志着近代国际法的诞生，使国际法发展进入一个新的阶段。

国际法随着国际关系的不断发展而发展，重大的历史变动总是影响着国际法的变化。1789 年，法国资产阶级革命就曾对国际法的发展产生巨大的影响，它提出了国家基本权利和义务的概念，强调了国家主权原则即包括国家对领土的主权，也包括对在国外公民的管辖权；它宣布了民族自决的权力，申明了独立为基础的不干涉内政原则。它废除了一些关于战争的旧规则和制度，主张在战争法上贯彻人道主义精神。这些原则在当时反映着资产阶级国家的利益，但它们本身具有进步的意义，所以直到现在仍然构成国际法的一部分。

当资本主义发展到帝国主义阶段，国际关系中充满强国欺辱弱国、掠夺别国领土、争夺殖民地的现象，帝国主义对外实行政治压迫、经济剥削和武装侵略的政策；国际法中进步的原则、规则和制度遭到破坏，产生了一些与帝国主义政策相适应的原则、规则和制度。

在第一次世界大战中，国际法遭到严重破坏。1917 年俄国的十月革命，既为国际关系，也为国际法开辟了一个新的发展阶段。它提出了不兼并和不赔偿的原则，宣布侵略战争为反人类罪行，宣布废除秘密外交和不平等条约，成为国际法新发展阶段的重大标志。

第二次世界大战中，德、日法西斯国家发动的侵略战争，使国际法又一次遭到大规模破坏。战后，签订了《联合国宪章》。依据宪章，成立了联合国组织。战后新的民族国家纷纷独立，使国际法的领域扩大了，包括了全世界所有的国家，国际法的原则、规则和制度得到新的发展。

特别重视的是，第三世界国家在树立作为国际法根基的基本原则方面做出贡献。中华人民中共和国和印度、缅甸倡议的和平共处五项原则就是一个鲜明的例子。在第三世界国家的推动下，联合国大会通过了一系列有关国际法基本原则的决议。例如：

1960 年《给予殖民地国家和人民独立宣言》。

1962 年关于《自然资源的永久主权》的决议。

1965 年《不容干涉各国内政和保护各国独立和主权的宣言》。

1974 年《侵略定义》《建立新的国际经济秩序宣言》《各国在探索与利用外层空间活动的法律原则的宣言》。

第三世界国家在推动国际法的建立健全方面做出不懈努力。但也要清晰地看到，自苏联解体后，美国作为全球唯一的一个超级霸主，作为国际秩序的主导者，越来越偏离了它自己制定的秩序，并凌驾于秩序之上，为破坏原有的秩序开了一个恶例。

2003 年 2 月，美国要求安理会授权对伊拉克进行军事打击。按照安理会的规定，决议需要安理会成员国 9 票赞成，而且 5 个常任理事国不能有否决权。主战的有美国、英国、西班牙、保加利亚。主张调查的有法国、德国、俄罗斯、中国、叙利亚。其他 6 国是巴基斯坦、墨西哥、智利、几内亚、喀麦隆、安哥拉。美国认为，以它的影响力，这几个小国家肯定支持它。不过让人意外的是，法国、德国、加拿大、俄罗斯反对动武的声音越来越激烈，中间的几个国家也没有支持美国，因此安理会没有授权美国对伊拉克的军事行动。

在没有得到安理会授权的情况下，2003 年 3 月 20 日，美国对伊拉克发动战争。5 月 1 日，美国总统布什宣布大规模军事行动结果，然后取消了对伊拉克长达 13 年的经济制裁。

根据联合国 1483 号决议，管理伊拉克石油的不再是联合国，而是美国及其盟国。美国这种单边主义的做法，可以说造成了国际社会的分裂。美国本是现行国际秩序的最大受益国，使得美国成了唯一的超级大国。美国以其经济与军事实力，经常抛开国际秩序，自行其是，这种单边主义的做法，不仅仅是破坏了国际秩序，违反了国际法，更是对他国的侵略成了家常便饭。

美国作为一个超级大国，把自己凌驾于国际法之上，这是对全球的挑战，使得国际法只对遵守的国家有约束力，而对违法犯法者却毫无措施，束手无策。在面对美国单边主义的困境中，却也为国际新秩序的构建打开一个新的开端。

引人注意的是，科学技术对国际法的影响特别大。在这种影响下，一些传统的国际法部门改变了，一些新的国际法部门诞生了。海洋法就是前一种情况下的例子，海洋法是国际法中的一个老部门，现在却发生了很大的变化，特别是近几十年海洋科学技术的发展，迫使旧的原则、规则和制度不能不有所变动。同时，出现新的原则、规则和制度，如关于大陆架、专属经济区、国际海地制度等。

外层空间法是后一种情况的例子。第一次世界大战后，由于航空航天技术的发展，产生了一个新的国际法部门——国际民航法。不到 50 年，由于飞行技术的发展，在原来的国际民航法之外，产生了一个新的国际法部门——外层空间法，或者更扩大一点，叫作"星际空间法"或"宇宙法""太空法"。1963 年联合国大会通过《各国在探索与利用外层空间活动的法律原则的宣言》时，一个崭新的国际法部门开始形成了。

从科技来讲，世界从蒸汽时代、电气时代、信息时代向人工智能时代过渡，这就是科技的发展历程。科技的发展是从慢向快、由低到高、由浅入深发展的。从新的工业革命开始，人工智能的发展一日千里，国际间的竞争与秩序又将全新洗牌。未来秩序的发展与建立健全，这是世界的硬件；宗教信仰则是人类灵魂的软件。

宗教的本意是让人们心向善、行善事，把人类的道德底线不断提高，共建一个道德的精神家园。宗教是民间社团组织的一种，却是人类精神家园的辛勤园丁，不断为民众心中注入正能量。一战、二战的教训，却不能阻止人们，特别是在政客的教唆下，战争依然不能避免。在高科技的武装下，军事战斗带来的战役级的死亡率大幅度降低，而在战后重建漫长的历程中，死亡人数却在直线上升。

自 2003 年伊拉克战争后，直至美军于 2011 年 12 月撤离，美军在伊拉克有 4869 人死于军事行动，4403 人死于事故。相比之下，伊拉克军队及武装组织阵亡超过 10 万人，遇难的平民更是超过 60 万人。在这一场军事实力不对等的战争中，给伊拉克造成了毁灭性的打击，使伊拉克从一个繁荣昌盛的国家直接变成一个动荡不安的弱国。美国的单边主义政策，还会一如既往地我行我素，对伊拉克一个主权国家的侵略战争，不会是第一次，更不会是最后一次。怎么能制衡美国，使国际秩序重建、平权、去特权，就是一个新的开始。

构建平权秩序。

从经济的国际秩序来讲，美元、欧元、人民币在不远的将来，会形成一超两强。美元作为主要的支付货币与储备货币的霸主地位仍将保持，但总份额会持续下降。欧元与人民币相互间会成为市场份额相差无几的重要的第三方力量。随着人民币与欧元地位的平起平坐，人民币将成就中国经济新一轮的发展。美国、欧盟、中国将对经济的国际秩序进行新的改进，以适应中国经济崛起带来的世界经济发展。中国经济地位的崛起是历史发展的必然，也是推动制衡美国单边主义的一个必然选项，为平权经济提供一个制衡的力量。中国将在推动经济的平权秩序中居功至伟。

国际法将会进一步完善，特别是在构建去美国特权化的新的国际法架构方面，国际法的改革将影响深远。国际法不仅仅是一部法律，更在于敢于对特权国执法！这才是国际法的可贵之处。美欧等西方国家标榜自己是法治国家，它们既然有法律素质，遵守国际法更应该是它们法治素养的体现。相信随着中国实力的崛起，越来越多地参与到国际事务中，中国将通过自己的表述成为国际秩序健全与完整的主要力量。国际法的改革与完善，对中国而言，任重而道远。

平权经济、平权秩序，最终形成平权社会！平权经济的主旨在于拉近全球经济各国之间的差距，会更有利于国际经济的健康成长，更会促进各洲际之间的经济合作与商贸交流。平权经济已来，已经在部分地区、国家之间迅猛发展；平权才是经济秩序的主旋律。

平权秩序，则是整个国际规则、法律、制度的新基点，也是国际秩序的初心。平权秩序是全球每个国家的追求，特别是在全球一体化愈加紧密的今天、明天，平权秩序是全球的未来，也是人类命运共同体的未来。只有在平权秩序持续推进与发展的前提下，平权社会才会加速到来。平权社会犹如社会主义与共产主义相结合，这是一个没有特权的社会、没有战争原罪的社会。平权社会是以国际法、经济规则与军事制约相结合，特别是在国际法中，一国不经联合国安理会批准，擅自对他国发动军事打击即为侵略！联合国有权对军事行动国的领导人向国际法庭提出战犯公诉，这或许可以让超级大国的单边主义逐步回归平权，重回联合国的大秩序中，在规则下去解决国际事务。

平权社会不仅是全球各国之间的权力平均化，更是各国国内民众之间的平权。这个平权不仅是人权的平权，更是社会地位与秩序的平权。平权是国际、全球社会各阶层的未来。平权，未来已来。

参考资料

［1］易中天. 从春秋到战国［M］. 杭州：浙江文艺出版社，2013.

［2］［美］本-斯太尔. 布雷顿森林体系货币战：美元统治世界［M］. 符荆捷，陈盈译，北京：机械工业出版社，2014.

［3］［美］安德鲁·罗斯·索尔金. 大而不倒［M］. 陈剑，巴曙松，等译，成都：四川人民出版社，2008.